Claudine Vegh:
Ich habe ihnen nicht auf Wiedersehen gesagt
Gespräche mit Kindern von Deportierten

Nachwort von Bruno Bettelheim
Aus dem Französischen und Englischen von
Sabine Reinhardt

Deutscher
Taschenbuch
Verlag

dtv

Meinen Kindern Eric und Magali

Ungekürzte Ausgabe
Juli 1983
Deutscher Taschenbuch Verlag GmbH & Co. KG,
München

Titel der französischen Originalausgabe:
›Je ne lui ai pas dit au revoir.
Des enfants de déportés parlent.‹
Paris 1979

ISBN 3-462-01436-6
Umschlaggestaltung: Celestino Piatti
Umschlagfotos: Bildarchiv Süddeutscher Verlag,
München, und Ullstein Bilderdienst, Berlin
Gesamtherstellung: C. H. Beck'sche Buchdruckerei,
Nördlingen
Printed in Germany · ISBN 3-423-10140-7

Das Buch

Ein Kapitel des Naziterrors ist bis heute nur wenig bekannt: Wie erging es den zurückbleibenden, versteckten, untergetauchten, vom Tode verschonten Kindern deportierter Juden? Wie überlebten sie die gewaltsame Trennung von ihren Eltern? In vielen Gesprächen mit französischen Juden unternahm Claudine Vegh einen ersten Versuch der Bewältigung dieses leidvollen, für die Betroffenen immer noch gegenwärtigen Abschnitts der Judenverfolgung in Europa unterm Hakenkreuz. Äußere Not und Verlassenheit ertrugen diese Kinder in der Hoffnung auf ein glückliches Wiedersehen. Ihr eigentliches Martyrium begann, als der Krieg zu Ende war, die Eltern nicht mehr kamen oder nur ein Elternteil zurückkehrte, meist krank an Leib und Seele, als das Wissen über die Konzentrationslager ihren Glauben an ein sinnvolles Weiterleben zu zerstören drohte.
In seinem Nachwort bemerkt Bruno Bettelheim, daß es vor allem die Unmöglichkeit zu trauern war, die zu Selbstentfremdung und damit auch Hoffnungslosigkeit führte. Eine wesentliche Bedeutung dieser Gespräche sieht er im Akt des Trauerns selbst. Nur so besteht für die Betroffenen die Möglichkeit, sich von ihrer traumatischen Vergangenheit zu befreien.

Die Autorin

Claudine Vegh, geboren 1934, ist Psychiaterin in Frankreich. 1941 wurden ihre Eltern von den Nazis verschleppt; das siebenjährige Mädchen tauchte bei Pflegeeltern unter. Ihr Vater kam im Konzentrationslager um, ihre Mutter kehrte 1944 zurück. Über zwanzig Jahre lang konnte Claudine Vegh das Wort »Vater« nicht mehr aussprechen, so lange brauchte sie, um sich an die schrecklichen Erlebnisse ihrer Kindheit heranzutasten und den Versuch einer Bewältigung zu unternehmen.

Inhalt

Einleitung

Warum diese Interviews mit den Kindern von Deportierten? Der Anstoß dazu kam mir von einer Arbeit, die ich als Abschluß für das Fachgebiet Psychiatrie an der Universität anzufertigen hatte. Bei uns nennt man so etwas Mémoire, eine Bezeichnung für einen wissenschaftlichen Aufsatz, eine Abhandlung.

Ich hatte bereits über sechs Monate in einer ganz anderen Richtung daran gearbeitet, als eines Sonntags vormittags Maurice, ein Freund meiner Tochter, in der kleinen Synagoge von Aulnay-sous-Bois seine Bar-Mizwah[1] feierte.

Gleich zu Anfang der religiösen Zeremonie hatte die Mutter die Hände vors Gesicht geschlagen und war in sich zusammengesunken. Maurice sang mit Inbrunst und wandte die ganze Zeit über den Blick nicht von seiner Mutter ab ... ein Blick voller Verständnislosigkeit und ergreifender Trauer.

Neben mir sagte eine aus Tunesien stammende Frau immer wieder: »Ich verstehe das nicht ... an solch einem Tag ist doch eine Mutter ungeheuer stolz auf ihren Sohn und glücklich ... Was ist denn mit ihr geschehen? Es ist doch ein Festtag?«

Ich konnte Maurice' Mutter sehr gut verstehen. Denn als mein Sohn in dieser Synagoge vor genau einem Jahr nur den Tallith[2] anlegte, habe ich erlebt, wie sehr mich die Erinnerung an meinen Vater schmerzlich überwältigte. Auch für mich war seine Bar-Mizwah kein Freudentag; ich habe sie eher als ein quälend brennendes Band mit der Vergangenheit empfunden, eine Art Fackel, die an meinen Sohn weitergegeben wurde.

Jude zu sein, ist etwas sehr Schweres; es gegenüber jedermann zu bleiben, das Judentum zu bewahren, scheint mir manchmal völlig widersinnig, besonders wenn man, wie ich, nicht orthodox lebt, ja, nicht einmal an Gott glaubt. Doch es abzulehnen, käme mir in irgendeiner Weise als nicht lebbar vor, und als meine

[1] Bar-Mizwah (von aramäisch Bar, d. h. Sohn, und hebräisch Mizwah, d. h. Gebot). Im Judentum die Bezeichnung für einen Jungen, der mit der Vollendung des 13. Lebensjahres die religiöse Mündigkeit erreicht. Bar-Mizwah heißt auch das am darauffolgenden Sabbat stattfindende Fest, das in etwa der christlichen Konfirmation entspricht. (Anm. d. Übers.)

[2] Tallith, der jüdische Gebetsmantel, inzwischen vielfach als Gebetsschal zusammengelegt. Wird von den Männern beim Gottesdienst über der Kleidung getragen. (Anm. d. Übers.)

beiden Kinder von sich aus baten, an der Bar-Mizwah teilnehmen zu dürfen, war es für mich, als würde dadurch auf eine mir noch unfaßbare Weise eine tiefe, lange schmerzende Wunde verbunden.

An diesem Vormittag in der Synagoge, bei Maurice' Bar-Mizwah habe ich auf einmal das Bedürfnis gefühlt, den Schleier zu heben, der über der Vergangenheit dieser Juden lag, die als Kinder überlebt haben und sich seit über dreißig Jahren fragen, durch welches Wunder, ja, wieso sie überhaupt noch da sind. Und so entschloß ich mich, meine Arbeit dieser Vergangenheit und den Erinnerungen daran zu widmen, die diese so sehr vom Schicksal getroffenen Kinder noch in sich verborgen trugen. Wie sahen sie es aus der heutigen Sicht? In mir ist, weil ich den Verfolgungen der Nazis entgangen bin, das Gefühl entstanden, mir wäre zum zweitenmal ein Leben »gewährt« worden.

Und dieses Leben mußte ich mir verdienen, mich dessen würdig erweisen. Es war in gewisser Weise nicht mehr mein eigenes Leben, sondern ich lebte für andere.

1942 waren meine Eltern mit mir in ein Dorf in den Pyrenäen geflohen, wo bereits eine aus Belgien stammende jüdische Familie wohnte. Régine, das jüngste von ihren vier Kindern, wurde bald meine Freundin. Eines Morgens, es war noch sehr früh, kamen französische Polizisten, um sie alle abzuholen. Ihre Mutter hatte einige Sachen zusammengepackt. Ein Bus wartete schon auf sie.

Als sie an unserem Haus vorbeikamen, fragte Régine den Fahrer, ob er wohl fünf Minuten warten könnte, sie wolle mir nämlich auf Wiedersehen sagen. Er hielt tatsächlich an, und sie ist zu mir heraufgeeilt. Ich erinnere mich noch, daß mein Vater daraufhin hinuntergegangen ist, weil er dachte, vielleicht würde der Chauffeur, wenn er Régine schon hochließe, auch ohne sie weiterfahren. Ihre Mutter hat es jedoch abgelehnt. Das wäre zu schwierig, meinte sie. Régine sei noch nie von der Familie getrennt gewesen. Der Bus ist losgefahren, die ganze Familie ist deportiert worden, und keiner von ihnen ist zurückgekehrt.

Nach dem Krieg haben wir eine Anzeige in einer jüdischen Zeitung gelesen. Ein Verwandter dieser Familie hatte ein Foto von ihr abdrucken lassen und bat jeden, der etwas von einem der Mitglieder wisse, sich mit ihm in Verbindung zu setzen. Meine Mutter hat ihm geschrieben. Er hat sich die Mühe gemacht, aus Belgien herüberzukommen, um über die Familie zu sprechen.

An dem Tag, an dem Régine abgeholt worden war, beschlossen meine Eltern, das Dorf zu verlassen. Vielleicht würde man uns in einem größeren Ort nicht so leicht finden. Wir sind dann nach Saint-Girons im Département Ariège gegangen.

Dort schwankte mein Vater zwischen zwei Unterbringungsmöglichkeiten und entschied sich schließlich für die zweite, da die Nachbarin, die ihm die Wohnung gezeigt hatte, seiner Meinung nach einen herzensguten Eindruck machte. Die späteren Ereignisse haben ihm Recht gegeben. Diese Nachbarin und ihr Mann sind meine Pflegeeltern geworden. Sie haben mich über zwei Monate versteckt gehalten.

Eines Morgens sind französische Beamte zu uns gekommen, um meinen Eltern mitzuteilen, daß sie uns in Kürze abholen und in eine spezielle Unterkunft bringen würden ... Daraufhin ließ der Onkel – so nannte ich diesen Nachbarn – kurzerhand vom Crédit lyonnais, wo er Direktor war, einen großen Karren besorgen, den er hinter sein Fahrrad spannte. In der nächsten halben Stunde waren meine Eltern darin versteckt. Als ich dazustieg, wurde es sehr eng, und die Tante schlug spontan vor: »Lassen Sie uns die Kleine da! Für Sie ist sie eine Belastung, aber für uns, die wir keine Kinder haben, ist sie eine Freude, und sie wird wie eine Tochter für uns sein. Haben Sie nur Vertrauen zu uns.«

Ich zitterte vor Angst, doch eher aus der Sorge, daß sie nicht rechtzeitig fortkämen und womöglich doch noch verhaftet würden. Also rief ich ihnen zu: »Fahrt schnell los! Ganz schnell! Ich bleibe hier!« Ich habe Onkel und Tante in der nächsten Zeit oft sagen hören, ich sei ein »Geschenk Gottes«. Soviel also bedeutete ich für sie! Meine Eltern erreichten Toulouse, dann die Gegend von Grenoble. Ich habe ihnen jeden Tag geschrieben. Das hatte ich ganz für mich so entschieden. Haben sie überhaupt alle meine Briefe erhalten? Ich weiß es nicht. Wenig später ließen sie uns einen gefälschten Ausweis zukommen, aber ich habe es abgelehnt, meinen Namen zu wechseln. Ich hieß Claudine Rozengard und wollte auf keinen Fall eine Christine ich-weiß-nicht-was werden.

Ich war so verbohrt, daß alle Erklärungen und Bitten nicht halfen und Tante mir schließlich den Vorschlag machte, ihren Namen anzunehmen: Capéran. Onkel hatte eine Nichte, und man wollte versuchen, einen Weg zu finden. Aber das habe ich noch entschiedener abgelehnt. Ich sehe sie heute noch vor mir: Sie verstanden gar nichts mehr. »Sie ist doch sonst so vernünftig«, wiederholten sie immer wieder.

Ich wollte um jeden Preis meinen Namen behalten. Mich plagte auch ständig die Angst, meine Eltern würden mich nicht mehr wiederfinden, besonders, wenn ich auf einmal anders hieß. Ich würde größer werden, mich verändern, und eines Tages erkannten sie mich nicht mehr. Was war dann?

Ein Zwischenfall ist mir noch deutlich in Erinnerung geblieben: Ich war eine sehr gute Schülerin, und der Tag der Preisvergabe[1] *rückte näher. Onkel und Tante warfen sich bei dem Gedanken an all die Preise, die ich erhalten würde, vor Stolz in die Brust. Da kam ein Brief von meinem Vater, in dem er mit versteckten Worten sagte, ich solle besser nicht bei der Preisverteilung erscheinen, sondern mich vorher krankmelden, damit mein Name nicht genannt und auch noch so oft wiederholt würde. Das wäre zu gefährlich. Als Onkel und Tante diesen Brief lasen, brachte sie das völlig aus der Fassung. Onkel hatte diesen Tag das ganze Jahr über herbeigesehnt, und Tante hatte sich extra Garderoben für diesen großen Anlaß besorgt! Es war einfach unmöglich! Ich mußte hingehen, da half nichts! Ich konnte ihnen das nicht antun.*

Auch ich freute mich darauf, zum Podium hochzugehen und die vielen Buchpreise in Empfang zu nehmen. Also bin ich hingegangen. Jedesmal, wenn mein Name aufgerufen wurde, warf ich einen angstvollen Blick in die Runde im Saal. Ich fühlte mich wie ein gehetztes Wild und rechnete jeden Augenblick damit, verhaftet zu werden. Aber nichts passierte. Im darauffolgenden Jahr war ich ganz am Ende der Klasse, und es gab dieses Dilemma nicht mehr.

Bei der mündlichen Prüfung vom ersten Teil des Abiturs war als letztes Fach Geographie an der Reihe. Bevor der professeur mit dem Ausfragen anfing, verkündete er voll Triumph in der Stimme, daß mir nur zwei Punkte fehlten, um die Note »sehr gut« zu bekommen. Ich hätte sie praktisch schon in der Tasche. Da bat ich ihn auf einmal, mir für dieses Fach null Punkte zu geben, denn ich hätte das Abitur ja bestanden und wollte nicht mehr weitermachen.

Er schlug mir vor, mich ein bißchen auszuruhen. Er hat zu verstehen versucht, was in mir vorging. Ich aber wiederholte hartnäckig: »Bitte geben Sie mir null Punkte, ich kann nicht mehr.«

[1] Das Schuljahr schließt in Frankreich mit einer feierlichen Auszeichnung der besten Schüler. (Anm. d. Übers.)

»Sie müssen sehr erschöpft sein. Ich will Ihnen deshalb nur eine ganz einfache Frage stellen, auf die sie mir in jedem Fall eine richtige Antwort geben können. Wie heißt der Fluß, der durch Lyon fließt? Hören Sie, ich weiß, daß Sie den Namen kennen. Nun, ich helfe Ihnen: Rh ...«

Und ich antwortete: »Der Rhein, der uns von Deutschland trennt!« Ich habe die Note »Sehr gut« natürlich nicht bekommen. Er war niedergeschmettert und ich erleichtert. Doch weder er noch ich begriffen damals, was geschehen war.

Anschließend habe ich mich systematisch allen Prüfungen und Wettbewerben verweigert. Es hat Jahre gedauert, bis ich die Gründe dafür herausgefunden habe.

1943 trafen meine Eltern Vorbereitungen, um in die Schweiz zu gehen. Sie riefen an, sagten Onkel Bescheid und baten ihn, mich in eine bestimmte Stadt zu begleiten. Onkel und Tante haben sich jedoch geweigert, mich fortgehen zu lassen, und mir erklärt, sie wollten mich meinen Eltern nicht zurückgeben. »Außerdem ist das viel zu gefährlich«, fügten sie noch hinzu. »Hier bist du wenigstens in Sicherheit.« Und da ich mich weigerte, dazubleiben, und sie immer wieder anflehte, mich in die Stadt zu bringen, drohten sie schließlich: »Wenn dich deine Eltern ein zweites Mal verlassen, wird niemand dasein, der dich aufnimmt, und wir, das laß dir gesagt sein, können dich dann nicht wieder zu uns holen!«

Hatten mich meine Eltern »verlassen«? Das war unmöglich! Das konnte nicht wahr sein! Aber schließlich waren sie fortgefahren und hatten mich bei fremden Leuten zurückgelassen, also ... Doch meine Eltern wollten ja nicht ohne mich in die Schweiz gehen ... Sie sorgten sich um mich. Denn in dieser Zeit konnten in Frankreich alle jüdischen Kinder verhaftet werden.

Dabei brauchte ich mir, was mich betraf, wirklich keine Sorgen zu machen. Ich war gut aufgehoben. Ganz Saint-Girons wußte, daß ich ein kleines Judenmädchen war, das Monsieur und Madame Capéron als Adoptivkind bei sich aufgenommen hatten. »Die Ärmsten haben sich ja so sehr ein eigenes Kind gewünscht«, sagte man meist und nickte mitfühlend ... Als ich eine Lehrerin bekam, deren Mann mit dem deutschen Regime sympathisierte, schickte man mich vorsichtshalber nicht mehr in die Schule. Schließlich wurde sie abgelöst, und ich ging wieder zum Unterricht.

Der Direktor des Gymnasiums hatte Onkel versichert, er würde ihn, falls die Deutschen die Schule durchsuchten, sofort *davon informieren, und da er an Ort und Stelle wohnte, brauchte er sich keine Gedanken zu machen. Und Tante hatte eines Tages den Chef der örtlichen Miliz*[1] *aufgesucht (sie waren vor dem Krieg eng befreundet gewesen) und ihn gebeten, mich zu beschützen. »Sie müssen wissen«, sagte sie, »ich gehe daran zugrunde, wenn man dem Kind auch nur das Geringste zuleide tut!« Ich war bei dem Gespräch dabei. Sie weinte, und er versprach ihr, daß mir nichts geschehen würde.*

Nach der Befreiung wartete ich jeden Tag auf die Rückkehr meiner Eltern. Ich malte mir aus, wie ich eines Tages aus der Schule kommen würde und sie standen da und warteten auf mich! Ich sah im Geist ihr Lachen, spürte ihre Umarmungen und phantasierte sogar von Geschenken, die sie mir mitgebracht hatten.

Tatsächlich sagte mir dann eines Tages, als ich von der Schule kam, die Nachbarin: »Claudine, beeil dich. Es gibt eine Überraschung für dich!« Ich schleuderte meine Schultasche fort und stürzte los.

»Warte!« rief sie mir hinterher. »Deine Mutter ist da, aber dein Vater ist tot!«

Ich bin mit einem Ruck stehengeblieben, habe meine Schultasche aufgehoben, bin die Treppe zu unserer Wohnung hochgestiegen, auf meine Mutter zugegangen und habe ihr, ohne eine Träne zu vergießen, nur gesagt: »Ich weiß Bescheid ... Ich habe wenigstens noch einen von euch beiden. Sprechen wir nicht mehr davon.«

Und über zwanzig Jahre habe ich nicht mehr die Worte »Papa« oder »Vater« aussprechen können und auch nicht die geringste Anspielung an diesen Teil meiner Kindheit vertragen.

Mama wollte mich zurückhaben, Onkel und Tante wollten mich nicht hergeben. Ich wünschte mir, mit meiner Mutter zusammenzuleben. Ich hatte sie über zwei Jahre nicht gesehen. Ja, ich war sehr glücklich bei Onkel und Tante gewesen, aber ich wollte jetzt nach Hause.

In Tantes Augen war ich nur undankbar; sie hätte es voraussehen müssen, hätte ihr Herz nicht so an mich hängen dürfen. Es stand fest, sie würden an meinem Fortgehen sterben und ich war schuld.

Onkel ist tatsächlich drei Jahre nach meiner Rückkehr nach Paris gestorben. Tante hat jedem, der es hören wollte, gesagt:

[1] Siehe Chronik: Februar 1943

»Seit die Kleine fort ist, hat er nicht mehr leben wollen. Das hat ihn umgebracht.«

Es war sehr schwer, mit diesen Umständen zu leben. Ich verbrachte alle meine Ferien bei ihnen. Eine Woche bevor ich nach Paris zurückfuhr, sah ich, wie traurig sie wurden. Ich war darüber immer sehr bekümmert, zwang mich aber, mir nichts anmerken zu lassen. Der Bahnhofsvorsteher hat mir Jahre später erzählt, daß Onkel zwei oder drei Tage vor meiner Ankunft zum Bahnhof zu gehen pflegte, um sich den Zug, mit dem ich kommen würde, sehnsüchtig anzuschauen.

Ich habe das alles nur buchstäblich zerrissen leben können, von einer Seite zur anderen gezerrt, hin und her ... Meine Schuld den Pflegeeltern gegenüber war groß, zu groß, um sie zu ertragen.

Nach Onkels Tod schlug meine Mutter der Tante vor, zu uns zu ziehen. Sie war sofort damit einverstanden. Sie, die nie zuvor einen Schritt aus der Provinz herausgemacht hatte, stand plötzlich in Paris, und sie lebt seitdem dort.

Erst kürzlich sagte eine Bekannte zu ihr: »Sie lieben Claudine wie Ihre eigene Tochter«, und Tante, inzwischen sechsundachtzig, entrüstete sich und entgegnete ihr: »Aber was heißt hier wie? *Sie ist meine Tochter! Auch Sie haben nichts begriffen.« Und dann fügte sie noch hinzu: »Außerdem bekomme ich am Muttertag immer mein Geschenk ... «*

Tante und ich, wir sind beide in der Weihnachtsnacht geboren. Für sie stellt das eine ganz besondere, äußerst starke Verbindung dar.

Auch für mich war die Rückkehr nach Paris keinesfalls leicht gewesen. Mama hatte uns wieder unsere alte Wohnung beschafft. Sie war kalt, leer, schmutzig, trostlos und viel zu groß für uns beide. Nachdem sie ein Bett, einen Küchentisch und zwei Stühle aufgetrieben hatte, kaufte sie mir ein altes, gebrauchtes Klavier.

Von diesem Tag an war mein Leben zu Hause wie umgewandelt. Wenn ich von der Schule heimkam, war ich nicht mehr allein in der tristen Wohnung; ich hatte mein Klavier!

Ich fühlte mich, auch ehemals vertrauten Dingen und Situationen gegenüber, auf einmal hoffnungslos verloren. Ich kam vom Land, aus meinem kleinen Ort, und verfuhr mich mit der Métro, verlief mich in dem großen Gebäude des Lycée Hélène-Boucher, kannte die Familienmitglieder, meine Onkel, Tanten, Kusinen nicht mehr. Ich war recht mittelmäßig in der Schule, traute mich nicht mehr, etwas vor der Klasse zu sagen, denn mein Akzent aus dem Südwesten erregte allgemeine Heiterkeit. Ich betete jeden Abend meinen Rosenkranz, wie ich es von Tante gelernt hatte, aber ich spürte, meiner Mutter wäre es lieber gewesen, ich hätte es sein lassen. Überhaupt unterschieden sich die Vorstellungen meiner Mutter völlig von denen von Onkel und Tante. Das ging bis zur Essenszubereitung und wie man sich bei Tisch zu verhalten hatte.

Meine Großmutter väterlicherseits, die bald zu uns zog, sprach nur wenige Worte Französisch. Mit meiner Mutter unterhielt sie sich auf Jiddisch, das ich nicht mehr verstand. Ich hatte alles vergessen . . .

Ich fand mich überhaupt nicht mehr zurecht.

Da kam meine Mutter auf eine Idee, von der sie sich die Lösung meiner Probleme versprach. Sie hatte gemerkt, welche Schwierigkeiten es mir bereitete, mich wieder in meine alte Umgebung einzuleben, und sie sagte sich, daß mir vielleicht eine Gruppe von anderen jüdischen Kindern mit den gleichen Problemen helfen könnte.

Also bin ich mit dem ersten Ferienlager für jüdische Kinder, das nach dem Krieg stattfand, mitgefahren.

Den ersten Abend kam ich mir sehr verloren, sehr einsam dort vor. Ich kannte keines der Kinder. Ich teilte das Zimmer mit fünf anderen Mädchen in meinem Alter. Ich verstand nicht: Die anderen sprachen miteinander, als würden sie sich alle schon lange kennen. Wie kam das? Also fragte ich sie, ob ihre Eltern miteinander befreundet wären oder ob sie sich in Paris öfter sähen? Sie haben mich daraufhin ganz seltsam angestarrt, als käme ich von einem anderen Stern. Niemand hat mir geantwortet, und ich habe es nicht gewagt, noch etwas zu sagen. Ich hatte gemerkt, daß meine Frage irgendwie »taktlos« gewesen sein mußte, aber ich konnte noch so viel nachdenken, ich fand nicht heraus, inwiefern.

Am nächsten Tag hatte eine der Betreuerinnen anscheinend etwas von meiner Fragerei erfahren. Jedenfalls nahm sie mich beiseite und erklärte mir, daß zahlreiche Kinder dieser Ferienkolonie überhaupt keine Eltern mehr hätten und zusammen in Häusern untergebracht wären, wo man sich um sie kümmerte. Das wäre auch bei den fünf Mädchen von meinem Zimmer der Fall.

Ich muß daraufhin derart blaß geworden sein, daß die Betreuerin es mit der Angst zu tun bekam. Ich weiß nur noch, daß ich plötzlich von ihr fortgelaufen und in mein Zimmer zurückgekehrt bin, wo glücklicherweise niemand anders war. Ich habe mich aufs Bett geworfen und so heftig losgeweint, wie ich es sonst nicht von mir kannte. Ich hatte das Gefühl, das war zuviel für mich, ich konnte nicht mehr!

Die Betreuerin ist dann gekommen und etwa eine Stunde bei mir geblieben. Ich habe mich dagegen gewehrt, daß sie mich tröstete; ich wollte in Ruhe gelassen werden ... Ich schämte mich. Ich, die ich das Glück hatte, noch eine Mutter zu haben, hatte kein Recht darauf, so zu weinen. Was war mit mir los? Ich fühlte mich derart verzweifelt!

Am selben Abend noch bekam ich 40° Fieber. Zwei Tage hielt es an, ohne daß sich sonst irgendwelche Symptome zeigten. Ich scheine phantasiert zu haben. Aber was hieß es, in dieser Umgebung zu phantasieren?

Man muß wissen, daß nicht nur die Kinder dieser Kolonie ein Trauma erlitten hatten, sondern ebenso auch das Personal, das sich aus Juden und Jüdinnen zusammensetzte, die überlebt hatten. So konnte man manchmal die seltsamsten Dinge erleben. Eines Tages ist uns zum Beispiel ein Wettbewerb vorgeschlagen worden. Es ging darum, wer seinen Eltern (!) den ausführlichsten Brief über die Ferienkolonie schreiben würde. Der beste Brief sollte dann im ›Journal juif‹ veröffentlicht werden, das damals in Paris erschien. Eine Totenstille folgte auf diesen Vorschlag. Es war nicht zu ertragen, also bin ich aufgesprungen und habe gerufen: »Ich werde diesen Brief schreiben. Doch für den Wettbewerb soll ein anderes Thema genommen werden.« Mein Brief wurde abgedruckt und als Siegerbrief des Wettbewerbs hingestellt, eines Wettbewerbs, bei dem ich die einzige Teilnehmerin war!

In welch merkwürdiger Welt lebten all diese Kinder, die niemals über ihre Eltern, ihre Familie, ihre Vergangenheit, ihr Zuhause und vieles andere sprechen konnten? ... Und wie mögen sie heute leben? Wie darüber reden?

Lachen, Spiele, Tänze, Lieder, um jeden Preis das Vergessen oder wenigstens »nicht davon sprechen«, war eine der Regeln der Kolonie, die jedoch niemand den Kindern auferlegt hatte! Die Trauer, das Leid eines Kindes, seine Tränen, wurden von uns allen dort, auch von mir, als unerträglich empfunden.

Ich habe es nie gewagt, einem der Kinder dort zu sagen, daß meine Mutter noch lebte. Mir stellte auch niemand eine Frage in der Richtung. Das war tabu, absolut tabu. Als ich aus diesen

Ferien zurückkehrte, hatte ich den Eindruck, daß mein Leben nie wieder das eines Kindes, das einer unbeschwerten Heranwachsenden sein konnte. Etwas war in mir zerbrochen ... wohl schon lange vorher, aber ich hatte es erst zu dem Zeitpunkt gemerkt.

Ich bin dann krank geworden. Eine ausgefallene Krankheit, bei der der Körper von einem heftigen, unkontrollierbaren Zittern erfaßt wird. Einige Kinderärzte sagen, daß die Ursache dieses Leidens psychisch bedingt sei. In meinem Fall gab es überhaupt keine Zweifel. Die Symptome sind jahrelang immer Ende Oktober aufgetreten. Mein Vater war im Oktober gestorben.

Mit dreiunddreißig Jahren war meine Mutter Witwe geworden. Ihr Leben als Frau hatte aufgehört. Als ich ihr sagte, sie solle doch wieder heiraten, entgegnete sie mir, sie hätte die Chance gehabt, zwölf Jahre des Glücks zu erfahren. »Ich lebe eben aus meinen Erinnerungen«, fügte sie noch hinzu.

Ich war bereits verheiratet, als sie mir erzählte, wie ich sie gleich nach unserer Rückkehr nach Paris mit Fragen bedrängt hätte, ob es für mich nun so werden würde, wie für David Copperfield ... Sie habe, trotz späterer gegenteiliger Worte von mir, daraus geschlossen, daß ich die Anwesenheit eines anderen Mannes schlecht aufnehmen würde.

Ihr schönstes Kompliment für mich war immer: »Du bist deinem Papa wie aus dem Gesicht geschnitten!« Ich habe ihr das geglaubt und war sehr stolz darauf.

Mein Vater hat in Warschau Rechtswissenschaften studiert. Seine Leistungen waren so gut, daß ihm der polnische Staat ein Stipendium anbot, damit er seinen Doktor in Paris machen konnte. Anschließend wollte man ihm den Lehrstuhl für Kriminologie an der Warschauer Universität geben. Für einen Juden war ein Stipendium schon etwas Seltenes. Doch die Aussicht auf einen Lehrstuhl grenzte an Wunder.

Kaum war mein Vater in Frankreich, kannte er nur noch einen Gedanken: hier leben! Er verzichtete auf das Stipendium und den Lehrstuhl, bereitete sich auf seinen Doktor der Kriminologie vor, besuchte auch noch die École des Sciences politiques und schaffte es, seine ganze Familie zu sich zu holen. Er war der Älteste von sieben Kindern.

Er kämpfte um die Anerkennung seiner Theorie, die er in seiner Dissertationsarbeit dargelegt hatte: ›Das Verbrechen als Produkt sozialer und wirtschaftlicher Umstände‹. Als man ihm die Naturalisierung verweigerte, benutzte man besonders diese Arbeit als Vorwand, die angeblich für 1929 zuviel Sprengstoff enthielt.

Er hat mir oft von seiner Heimat erzählt, wo er zahlreichen Demütigungen ausgesetzt gewesen war ... in der Schule, im täglichen Leben ... Einmal hatte er sich auf einen polnischen Offizier gestürzt, der ihn wegen seines Judentums beschimpft, ihm die Epauletten abgerissen und darauf herumgetrampelt hatte. Wenn es nicht einem seiner Professoren gelungen wäre, die Affäre zu vertuschen, hätte er die Universität verlassen müssen.

Er sprach von Polen mit Groll, ja sogar mit Verachtung. »Wie kann man noch in Warschau leben, wenn man Frankreich kennengelernt hat?« sagte er öfter. Frankreich war seine Wahlheimat, das Land der Menschenrechte, aller Freiheiten und aller Hoffnungen. Atmen war für ihn in Frankreich etwas völlig anderes als in Polen, und er schloß meist mit den Worten: »Du, mein Kind, das in diesem Land atmen darf, vergiß nie, es ist deine Chance!«

Er fühlte sich sehr stark als Jude, und wenn er die Religion auch für sich ganz ablehnte, blieben für ihn doch die jüdische Geschichte und die jüdische Kultur äußerst wichtig.

Er beherrschte fließend fünf Sprachen, doch er sagte, sich in anderen Sprachen verständlich machen, könne jeder lernen. Wichtig wäre es, eine tiefe Kenntnis von der Literatur, der Geschichte und den Sitten eines Landes zu erwerben. Kultur war für ihn überhaupt das Wesentliche im Leben. »Das ist ein kultivierter Mensch«, war wohl eine seiner höchsten Wertschätzungen.

Seit 1941 durfte er nicht mehr als Rechtsanwalt tätig sein, und er verbrachte seine Zeit damit zu studieren, Unterlagen zu ordnen, Notizen zu sammeln und zu schreiben. Er arbeitete vor allem an einem Dossier über die Prostitution.

Mit mir führte er Gespräche, die man eigentlich erst mit viel älteren Kindern hat, aber es schien das Normalste der Welt! Er wollte, daß ich Landschaften, die Natur, den Geruch der Wälder, die Literatur und die Musik schätzen lernte. Und auf unseren langen Spaziergängen durch die Pyrenäen rezitierte er Gedichte von Heine, Schiller, Victor Hugo. Er erzählte mir von Goethe und auch von Picasso. Er pfiff wundervoll und machte mich mit Schubert, Bach, Beethoven und Grieg vertraut. Lange Zeit konnte ich nicht den ›Tod der Asen‹ hören, ohne das Stück mit dem Tod meines Vaters in Verbindung zu bringen.

In den Jahren 1941–42 hatte ich das Gefühl, mein Vater

kämpfte einen verzweifelten Kampf gegen die dahineilende Zeit. Lag es daran, daß er von seiner schweren Krankheit wußte, oder waren es die Verfolgungen der Nazis, die jeden Tag das Ende bringen konnten? Er beschäftigte sich damit, mir so viel wie möglich beizubringen, und ich war wissensdurstig und versessen darauf, ihm zuzuhören. Wir haben uns ausgezeichnet verstanden.

Er hat mir das Gefühl für die menschliche Würde und für die Moral vermittelt. Er war ein Idealist und glaubte an den »Menschen«. Immer wieder sprach er von Gerechtigkeit und dem Recht auf Leben. Ich erinnere mich noch, wie er, als er einen Hund betrachtete, zu sich selber sagte: »Warum hat ein Tier das Recht, in Frieden zu leben, und wir nicht?«

Ein gegebenes Wort, ein Versprechen, war für ihn etwas Heiliges. Ja, er hatte mir versprochen, wiederzukommen. Und viele Jahre lang habe ich es auch für mich abgelehnt, sein Nicht-Wiederkommen zu akzeptieren.

Vor etwa fünfzehn Jahren hatte sich einer meiner Lehrer darüber gewundert, daß »die jüdischen Kinder trotz all dem, was sie durchlitten haben, so gut daraus hervorgegangen sind«. Ich erinnere mich, daß ich zuerst so etwas wie eine gewisse Zufriedenheit, einen Stolz, darüber empfand. Wir sind eben stark ... Doch in den nächsten Minuten wich dieses Gefühl einer seltsamen Mischung von Trauer, Wut und Empörung. Das ist viel zu einfach gesehen, dachte ich. Das ist eine Perspektive, die uns die tiefen seelischen Verwundungen abspricht, die wir erlitten haben, oder sie zumindest verharmlost. Dieser Gedanke führte mich dann weiter und brachte mich zu dem Schluß, daß wir jüdischen Kinder, die wir die Naziherrschaft durchgemacht haben, alles daran setzen, unsere Erfahrungen zurückzuweisen, sie abzuspalten, als gehörten sie überhaupt nicht zu uns.

Menschen, die diese leidvollen Erfahrungen nicht gemacht haben, erwähnen diese Zeit häufig mit gewissen Aussparungen und dem deutlichen Wunsch, sie zu verharmlosen.

Und andere, die zu Waisen geworden sind, befassen sich auch meist nicht mit der Vergangenheit. Sie ist ein tabuisiertes Thema ... Sie wollen, und sie können auch nicht darüber sprechen.

Ein Freund sagte mir einmal: »Nicht von der Vergangenheit zu reden, bedeutet nicht unbedingt, sie auszulöschen, sondern es ist wahrscheinlich genau das Gegenteil, nämlich ein Versuch, sie ganz tief im Innern zu bewahren als ein Geheimnis, das man mit niemandem teilt ... das einzige Erbe, das dir geblieben ist, wenn sich das Bild deiner Eltern verwischt und du nicht einmal ein Foto zurückbehalten hast, um es wieder aufzufrischen ...« Am selben Tag fragte ihn dann zufällig jemand: »Wo bist du her?« Und ich hörte, wie er mit Ironie in der Stimme die Antwort gab: »Ich bin Buchenwalder.« Das war auch die einzige Anspielung, die er auf seine Vergangenheit machte. So kann man sich als Buchenwalder erleben ... wie als Franzose oder Italiener ... eine Art, seine Vergangenheit, seine Geschichte zu erfassen.

In unseren Gesprächen untereinander taucht häufig ein ganz bestimmtes Thema auf: die Zukunft unserer Kinder. Nicht etwa die berufliche Zukunft, nein! Sondern die Frage, ob sie eine Chance haben werden, ihr Leben zu bestehen, es leben zu dürfen ... ohne einen weiteren Völkermord.

»Die Hoffnung hält einen am Leben«, sagt ein Sprichwort ... Und vielleicht können wir deshalb nicht mehr richtig leben, weil wir im Grunde unseres Wesens die Hoffnung nicht mehr kennen, das Hoffen verlernt haben.

Um diese Interviews, diese Gespräche durchführen zu können, habe ich Freunde und Verwandte gefragt, ob sie bereit wären, zusammen mit mir die Erinnerung an die Kriegsjahre in Angriff zu nehmen. Würde es ihnen möglich sein, fünfunddreißig Jahre danach über alles zu sprechen? Ich habe ihnen auch erklärt, daß es um eine wissenschaftliche Abhandlung ginge.

»Hast du dir denn solch ein Thema herausgesucht? Über unsere Erinnerungen? Was willst du denn dabei genau herausfinden?« Ich antwortete ihnen darauf: »Ich weiß es selbst nicht einmal, was ich genau erfahren will.«

Ich fürchtete, diese Antwort würde ihnen womöglich alle Lust – wohl eher allen Mut – nehmen, sich mit mir zu unterhalten, und ich rechnete mit zahlreichen Absagen ... Ich habe jedoch nur eine einzige bekommen ... von einer Psychotherapeutin, deren Eltern bei der Deportation umgekommen sind.

Und zu meinem Erstaunen wurde auch nicht die Frage gestellt, »ob es denn etwas bringe, die Vergangenheit aufzuwühlen«.

Alle Befragten waren im letzten Krieg noch Kinder gewesen. Alle sind von ihren Eltern getrennt worden, mußten sich vor den Verfolgern verstecken. 1941, also zu Beginn der Hetzjagd auf die Juden, waren sie zwischen drei und dreizehn Jahre alt.

Sie sind die Kinder Deportierter. Bis auf eine einzige Person, wurden sie selber nicht verschleppt, aber alle sind sie Halbwaisen oder Waisen geworden. Entweder wurde der Vater oder die Mutter oder beide Eltern in den Konzentrationslagern hingemordet und manchmal sogar die ganze Familie, und sie waren die einzigen Überlebenden.

Ich habe für die Gespräche ganz bewußt Leute ausgesucht, deren soziale und berufliche Stellung nichts zu wünschen übrig läßt, von denen man also sagen könnte: Sie haben alles, um glücklich zu sein.

Ich ließ jedem meiner Gesprächspartner die Wahl, wo er sich mit mir unterhalten wollte: bei sich zu Hause, bei mir, an seinem Arbeitsplatz oder an einem neutraleren Ort. Nur einer von ihnen, eine Frau, suchte sich die Anonymität eines Cafés als Treffpunkt aus. Ich muß zu diesem Fall auch erwähnen, daß wir uns zum ersten Mal begegneten. Zwei zogen es vor, zu mir in die Wohnung zu kommen. Alle anderen baten mich, sie zu besuchen. Wir aßen erst zusammen und machten uns anschließend vorsichtig an das Gespräch über die Vergangenheit.

Ein Umstand verdient noch Aufmerksamkeit: In fast allen Fällen, bei denen ich die Leute in ihrer Wohnung befragte, baten sie mich ins Schlafzimmer, obwohl uns die anderen Zimmer für ein ungestörtes Gespräch zur Verfügung gestanden hätten.

Es fand jeweils nur ein Gespräch statt, das im Schnitt etwa zwei Stunden dauerte.

Alle haben mich gefragt, ob ich das Gespräch mit Band aufzeichnen würde. Sie waren erleichtert, als sie hörten, daß ich lediglich Notizen machen wollte, sagten mir aber, »sie hätten sich damit auch einverstanden erklärt, wenn es unbedingt notwendig gewesen wäre«.

Vor jedem der Gespräche blieb ich so lange stehen, bis sich mein jeweiliger Partner einen Platz ausgesucht hatte, und setzte mich dann möglichst dicht zu ihm.

Meist saßen sie nur auf der einen Hälfte ihrer Sitzgelegenheit, kauerten sich häufig ganz in sich zusammen. Sie rutschten mit dem Stuhl hin und her, je nachdem, wie stark die Anspannung war oder wie heftig sie die Angst und der Schmerz, der sich mit fast allen Erinnerungen verband, heimsuchte. Am Ende der Unterhaltung war es bei fast allen so, daß sie mir inzwischen den Rücken zugekehrt hatten. Immer wandten die Befragten den Blick von mir ab zum Fenster.

»Es ist zu hell hier«, war eine Bemerkung, die häufig gemacht wurde, obwohl schon zu Anfang Vorkehrungen getroffen worden waren, die uns praktisch in einem Halbdunkel sitzen ließen.

Die Unterhaltungen waren in Wirklichkeit lange Monologe der einzelnen Personen mit sich selber. Ich war da, aber sie nahmen mich bereits nach kurzer Zeit kaum noch wahr. Ihre Stimme klang meist wie die eines Roboters, eintönig, unbeteiligt, abgehackt. Das Gesicht war starr, leer, so, als sprächen sie von jemand anderem, den sie gar nicht kannten ... Ein Freund, der für sein dröhnendes Organ bekannt ist, fing gleich nach den ersten Sätzen zu flüstern an, ohne sich dessen bewußt zu sein. Als das Gespräch beendet war, redete er mit der üblichen Stimmgewalt weiter.

Am Ende der Interwievs habe ich fast immer gefragt, ob sie mir sagen könnten, aus welchem Grund sie in das Gespräch eingewilligt hätten.

»Um dir zu helfen.«

»Damit du dein Material bekommst.«

»Um dir entgegenzukommen.«

»Ich wollte mich nicht davor drücken.«

»Wegen deiner Arbeit. Ich wollte dir unter die Arme greifen.«

»Blutspende an einen Freund.«

»Dieses Wort Erinnerung hat es mir irgendwie angetan.«

»Fünfunddreißig Jahre danach war es vielleicht doch mal an der Zeit, darüber zu reden.«

»Ich mußte darüber sprechen ... wenigstens einmal in meinem Leben.«

Nach jedem Gespräch rief ich am nächsten Tag an und erkundigte mich, wie es ihnen ginge. Sie fühlten sich alle besser, erleichtert. Mit mir dagegen wurde es immer schlimmer. Diese Rückkehr in die Vergangenheit war für mich derart schmerzhaft, daß ich an einen Punkt kam, wo ich mir ernstlich überlegte, die ganze Sache abzubrechen. Nach jeder Unterhaltung vergingen auch Tage, bis ich das Gehörte und Notierte ausarbeiten konnte.

Als meine Untersuchung abgeschlossen war, wollten nur drei der Befragten sie auch lesen. Andere baten mich, ihnen einige Passagen laut vorzulesen. Und bei manchen dauerte es sogar fast zwei Jahre, bis sie bereit waren, von ihrem Gespräch näher Kenntnis zu nehmen.

Ich glaube, niemand kann so recht ermessen, was es diese Menschen gekostet hat, »davon« zu reden.

Etwa zwei Jahre sind zwischen dem Erscheinen der Untersuchung und dem des Buches vergangen. Die meisten, die meine Arbeit gelesen hatten, meinten, ich solle sie einem größeren Publikum bekannt machen, den Weg auch zu Ende gehen.

Diejenigen, die mir durch ihre Gespräche die Untersuchung ermöglicht hatten, überlegten lange, bevor sie damit einverstanden waren, sich vor einem unbekannten Publikum zu »entblößen«, und ich verstand ihr Zögern nur zu gut.

Schließlich überwog aber doch allgemein das Gefühl, daß nun, da der erste Schritt einmal gemacht sei, das Ganze nicht nur »tote Buchstaben« bleiben sollte.

Lazare
Sein Vater ist nach Auschwitz deportiert worden und nicht mehr zurückgekehrt.

André
Sein Vater ist nach Auschwitz deportiert worden und nicht mehr zurückgekehrt.

Paul
Sein Vater ist nach Auschwitz deportiert worden und nicht mehr zurückgekehrt.

Madeleine und Joseph, Geschwister
Ihr Vater ist nach Auschwitz deportiert worden und nicht mehr zurückgekehrt.

Samuel
Sein Vater ist nach Auschwitz deportiert worden und nicht mehr zurückgekehrt.

Paulette und Charles, ein Ehepaar
Beide Väter sind nach Auschwitz deportiert worden und nicht mehr zurückgekehrt.

Myriam
Sie ist im Alter von fünf Jahren deportiert worden. Ihre Schwester, ihre Mutter und ihr Vater waren alle im selben Transport. Ihr Vater ist nicht mehr wiedergekommen.

Maurice
Sein älterer Bruder ist deportiert worden. Seine Mutter ebenfalls. Sie ist nicht mehr zurückgekehrt.

Raphaël
Sein Vater und seine Mutter sind mit demselben Transport deportiert worden. Sein Vater ist zurückgekehrt. Seine Mutter wurde »selektiert«.

Sonia
Vater und Mutter sind nach Auschwitz deportiert worden und nicht mehr zurückgekehrt.

Jean
Vater und Mutter sind nach Auschwitz deportiert worden. Beide sind nicht mehr zurückgekehrt.

Hélène und Louise, zwei Schwestern
Die Großeltern, die Eltern und der kleine Bruder waren im selben Transport. Keiner von ihnen ist zurückgekehrt.

Colette
Die Eltern und ihre zwei Brüder sind nach Auschwitz deportiert worden. Keiner von ihnen ist zurückgekehrt.

Robert
Die Eltern, zwei Brüder und eine Schwester sind nach Auschwitz deportiert worden. Keiner von ihnen kehrte zurück. Robert ist der einzige Überlebende der Familie.

Ich wurde 1933 in Paris geboren. Mein Bruder 1935.

Ich habe keine genaue Erinnerung an meinen Vater. Ich klammere mich an ein Foto.

Ich glaube, er war vom Wesen her genau wie ich. Manchmal finster, schweigsam, ein bißchen verschlossen. Mit mir muß er ziemlich streng gewesen sein. Es scheint, ich war schon damals recht schwierig.

Weißt du, ich habe in Paris die ganze Zeit den gelben Stern[1] getragen. Das war fürchterlich. In jeder Pause und nach Schulschluß, immer mußte ich mich anpöbeln lassen. Ich habe die Beleidigungen nicht hingenommen, sondern mich mit denen bis aufs Blut geprügelt. Ich erinnere mich noch, wie mein kleiner Bruder, er war damals in der letzten Klasse der Vorschule, nach dem Unterricht dazukam und mir half, so gut er konnte. Ich habe die Schikanen der Lehrer über mich ergehen lassen müssen; es hagelte Ohrfeigen bei der geringsten Kleinigkeit. Diese gemeinen Hunde, sie nutzten das aus! Da niemand da war, mich zu verteidigen, reagierten sie sich so richtig an mir ab. Zum Glück war ich schon immer ganz schön stämmig gebaut. Keiner von ihnen zeigte mal eine menschliche Regung ... im Gegenteil. Einer beschimpfte mich als »dreckiger Jude«. Ich ertrug es nicht und habe mich auf ihn gestürzt. Man hat das dann so hingestellt, als hätte ich die Sache angefangen, und mich streng bestraft, weil ich es gewagt hatte ... na, die ganze Leier. Nein, das alles kann man nicht vergessen!

Mein Vater ist 1941 fort. Er hat den berühmten »grünen Zettel« bekommen, der einen aufforderte, auf dem Kommissariat zu erscheinen. Es wurde mit Sanktionen gegen die ganze Familie gedroht, falls man dem nicht nachkäme.

Mein Vater war nicht blöd. Er war kein Trottel, aber er ist hingegangen, um uns zu schützen! Als man die jungen Franzosen zur Zwangsarbeit in Deutschland[2] einberufen hat, sind sie auch erschienen, oder etwa nicht? Dabei wußten sie bereits

[1] Siehe Chronik: 29. Mai 1942
[2] Siehe Chronik: Mai 1942; 4. September 1942 und 17. Februar 1943

Bescheid. 1941 glaubten wir noch, es ginge darum, die Juden in Arbeitslagern zusammenzufassen.

Es ist ein Buch über diese »grünen Zettel« erschienen.[1] Ich habe es mir gekauft, es aber nicht geschafft, auch nur einen Blick hineinzuwerfen. Wie idiotisch!

Mein Vater ist im Lager von Pithiviers interniert worden. Von dort aus hat er uns ein Boot geschickt, das er selber für meinen Bruder und für mich gebaut hatte ...

Meine Mutter schafft es, eine Besuchsgenehmigung für Pithiviers zu bekommen. Sie nimmt uns Kinder mit. Ich, der ich sonst immer herumtolle und Blödsinn mache, kann mich auf einmal nicht mehr rühren und bin die ganze Zeit über, wo wir dort sind, stocksteif, ja, wie gelähmt. Mein Vater verabschiedet sich von uns, mein Bruder weint, ich nicht, und plötzlich schluchzt und schreit meine Mutter vor lauter Schmerz ... Sie schreit gegen den Tod an, und ich höre noch heute diese Schreie.

Ich habe meinen Vater nicht mehr wiedergesehen.

Meine Mutter geht daraufhin in den jüdischen Widerstand.

Einmal wird sie gewarnt, daß in unserem Viertel eine Razzia stattfinden soll. Wir schließen uns ein. Die Polizei klopft an der Tür. Wir drei stehen stumm und zitternd dahinter. Meine Mutter öffnet nicht. Am nächsten Tag kommen sie wieder. Dieselbe Szene ... Es wird nicht aufgemacht.

Zum Glück hat uns die Concierge nicht denunziert.

Ungefähr eine Woche lang haben wir uns in unserer Wohnung verschanzt und von den paar Vorräten gelebt, die wir gerade da hatten. Man mußte höllisch aufpassen, daß kein Brett vom Parkett knarrte und die Wasserspülung nicht gezogen wurde. Niemand im Haus durfte merken, daß wir noch da waren.

Dann hat sich meine Mutter mit der Nachbarin in der sechsten Etage arrangiert, und wir konnten über drei Monate bei ihr unterschlüpfen.

Danach wurde das zu gefährlich für alle Beteiligten. Meine Mutter brachte mich dann bei den Patres von Ménilmontant unter und später, zusammen mit meinem Bruder, bei Bauern. Nach sechs Wochen hatten die Bauern die Nase voll von mir. Ich war ihnen zu schwierig. Also fand meine Mutter eine zweite Familie, dann eine dritte, vierte und so weiter. Ich weiß nicht

[1] David Diamant: Le billet vert. Paris 1977; siehe auch Chronik: 13. Mai 1941

mehr, wie viele es insgesamt waren. Aber, du kannst dir vorstellen, daß ich dabei nicht glücklich war. Ich bin immer schon recht verfressen gewesen. Und damals hatte ich Hunger. Also bin ich nachts raus und habe mir Mohrrüben aus dem Boden gezogen und sie mit allem, was ich sonst noch im Gemüsegarten finden konnte, verschlungen. Ich habe zu der Zeit schlimm geklaut, aber ich habe es getan, um zu überleben. Ich war zu allem bereit.

Meine Mutter kam uns manchmal besuchen. Nachts. Ich wußte, daß sie in Paris geblieben war und im Widerstand arbeitete.

Mein Vater ist nach Auschwitz deportiert worden . . . Ich wußte, er würde von da nie wiederkommen.

Trotzdem habe ich nach der Befreiung jeden Abend die Durchsage mit den Namen der Überlebenden gehört . . .Vielleicht war er doch . . . Ach, es war zermürbend!

Danach kam eine sehr schwere Zeit. Jahrelang, praktisch bis ich mein erstes Geld verdiente, nagten wir am Hungertuch.

Ich bin nach dem Krieg in die sechste Klasse gekommen. Ich war damals dreizehn und der Größte und Stärkste, aber ich hatte auch das Gefühl, der Dümmste zu sein.

Ich hatte kaum Freunde. Ich binde mich überhaupt nicht leicht und habe einen Horror vor neuen Leuten.

Mir fällt ein, daß ich, als ich nach Hause kam, voller Macken war. Das hat sich irgendwann im Laufe der Jahre wohl gelegt.

Ich habe enorm viel gearbeitet. Ich glaube, mein Vater wäre mit meinem Erfolg sehr zufrieden gewesen, ja er hätte sogar gestaunt. Schließlich war ich ein so schwieriger Mensch . . .

Weißt du, mein Vater hat den Aufruf befolgt, um uns, seine Kinder, zu schützen . . . Er hat sich . . . wie soll ich sagen . . . geopfert, damit wir leben können.

Ich meine, es läßt sich immer eine Lösung finden. Aber die mein Vater gewählt hat, war wohl nicht die beste. Das ist es.

Ich, an seiner Stelle, hätte alles getan, um zu überleben. Ich bin ein Kämpfer, ein zäher Streiter, ich leiste Widerstand. Er hat bestimmt seine Gründe gehabt, warum er zu dieser Einberufung hingegangen ist. Der Beweis: Er hat uns tatsächlich schützen können. Wenn meine Mutter nicht erlebt hätte, was mit meinem Vater geschah, hätte sie womöglich der Polizei die Tür geöffnet! Eigentlich verdanken wir ihm, daß wir alle noch am Leben sind. Oder?

Mir hat mein Vater gefehlt. Er hat mir sogar sehr gefehlt, aber ich bin auch so ganz gut zurechtgekommen, meine ich.

Doch in Momenten der Freude ist es für mich schrecklich. Als ich meinen Doktor gemacht habe, oh, wie gern hätte ich ihn dagehabt. Wenn er mich wenigstens hätte sehen können!

Meine Mutter, sie ist Atheistin und Kommunistin, hat sich geweigert, bei der Bar-Mizwah meiner Söhne dabei zu sein. Sie hat sogar gesagt: »Dein Vater hätte das nicht gemocht.«

Aber ich ... ja, ich habe dadurch ein bißchen von dem, was ich verloren hatte, wiederbekommen ... Sie hat sich geweigert, mich zu verstehen.

Mein Bruder und ich, wir haben beide katholische Frauen geheiratet, die zum Judentum konvertiert sind, ohne daß wir sie jemals darum gebeten hätten. Die Kinder sind alle im jüdischen Glauben erzogen worden. Mein Großvater ist Rabbiner gewesen, mußt du wissen ... Und ich arbeite in einer Gemeinschaft liberaler Juden mit.

Es ist sechs Jahre her, da hatte ich meinen Wagen so schlecht geparkt gehabt, daß eine Nachbarin nicht wegkam. Ich bin also raus, um ihr Platz zu machen, da sagt sie: »Sie sind ein dreckiger Jude, und es ist schade, daß die Verbrennungsöfen nicht ausgereicht haben.« Ich habe es irgendwie geschafft, ruhig zu bleiben. Aber ich habe dann Klage erhoben, und sie mußte wegziehen. Am liebsten hätte ich jedoch ein »Ehrengericht« angerufen, das sie im Namen der Würde des Menschen verurteilt!

Noch eine Sache: Eines Abends wurde ich zu einem dringenden Fall gerufen. Ich vergaß in der Eile meine Papiere und geriet prompt in eine Polizeikontrolle. Ich erkläre den Beamten alles, nenne meinen Namen. Ich habe schließlich den Äskulapstab am Auto und war nur fünf Minuten von meiner Wohnung weg. »Kommen Sie mit auf die Wache!« sagte der Polizist trotzdem. Da hatte ich eine ganz komische Reaktion. Ich rief: »Niemals!« und legte mich einfach auf die Straße. Ich weigerte mich, auch nur einen Zentimeter von der Stelle zu weichen. Sie haben mich dann in ihren Wagen geschleppt und zur Wache gefahren. Meine Frau hat die Papiere gebracht und mich abgeholt.

Überhaupt, wenn jemand nach meinen Papieren verlangt, muß ich mich jedesmal heftig zusammenreißen, weil ich merke, wie mich in dem Moment ein blinder Zorn überkommt.

Bei der Steuer habe ich mich geweigert, eine Summe zu zahlen, die mir nicht gerechtfertigt erschien. Mit mir kann man das nicht so einfach machen. Ich habe Einspruch erhoben, die ganze

Sache überprüfen lassen und auch gewonnen! Ich glaube, hätte da einer nur ein Wort zuviel gesagt, dann hätte ich ihnen an den Kopf geworfen, daß ich von ihren Vätern schon ganz legal beraubt worden bin und sie wohl dieselben Methoden wieder einführen wollten.

Ich spreche nie über die Deportation, den Krieg, meinen Vater. Ich gehe nie auf den Friedhof, auf keinen. Ich vertrage all das Zeugs nicht. Ich war mit meiner Mutter bei der Gedenkfeier im Lager von Pithiviers, und ich, der ich sonst so hart im Nehmen bin, geriet völlig aus der Fassung ... Ich war in einem Zustand ... Meine Mutter hat mich nie wieder gebeten, sie dorthin zu begleiten.

Das Epitaph auf dem Gedenkstein in Auschwitz ist von mir geschrieben. Man hat es damals ausgewählt.

Ich habe nur vier Kinder, aber eigentlich wollte ich immer mindestens sechs haben ... Warum? Dann hätte ich zwei Gelegenheiten mehr gehabt, der Welt zwar kein Genie – das ist nicht wichtig –, aber jemanden zu geben, der den Menschen helfen kann, besser zu leben und besonders, nie mehr irgend jemand unter dem Vorwand von irgend etwas zu vernichten.

Ich bin ein überzeugter Kommunist gewesen. Ich habe fest daran geglaubt, daß es eines Tages eine gerechtere und bessere Gesellschaft geben würde. Als dann aber in der Sowjetunion der Prozeß gegen jüdische Ärzte stattfand, bin ich aus der Partei ausgetreten und habe mich nie wieder mit ihr ausgesöhnt. Die Enttäuschung war zu groß!

Wenn ich in meinem Leben mit etwas konfrontiert werde, das von der üblichen Routine abweicht, zum Beispiel ein chirurgischer Eingriff bei einem mir nahestehenden Menschen, dann rechne ich immer mit dem Schlimmsten und versuche allen nur möglichen Komplikationen ins Auge zu sehen. Verrückt, nicht wahr? Ich vertrage es nicht, wenn man mir sagt: »Ihr Juden seid eben anders.« Am schrecklichsten ist es, wenn dann noch jemand äußert: »Im Grunde genommen fühlen Sie sich gar nicht wirklich als Franzose.«

Ja, ich bin vielleicht anders als der Durchschnittsfranzose. Aber was kann ich dafür? In Wahrheit hat man mich doch »anders gemacht«. Ich habe nie vergessen, daß es französische Polizisten waren, die uns abholen kamen, daß die französischen Lehrer keinen Finger gerührt haben, um mich vor den Schikanen der anderen Kinder zu bewahren – ganz davon zu schweigen, daß sie meist selber mitgemacht haben! Und da wollen die

Leute, daß ich mich in meiner Haut wohlfühle? Und habe ich etwa, wenn ich wirklich anders bin (was ihnen wohl Angst macht, was sie reizt!), kein Recht zu leben? Mir meine Identität abzusprechen, bedeutet für mich, mir auch das Recht auf Leben abzusprechen. So läuft das immer!

Weißt du, meine Großeltern mütterlicherseits und auch väterlicherseits sind unter abscheulichen Bedingungen ums Leben gekommen. Die Deutschen haben sie gezwungen, sich vorher ihr eigenes Grab zu schaufeln.

Die Tanten und Onkel, die in Polen mit den Großeltern zusammenlebten, und zwei junge Cousins sind ebenfalls umgebracht worden. Da soll man nicht anders sein!

Als ich fünfzehn oder sechzehn war, habe ich jede nur erdenkliche Arbeit während der Ferien und sogar auch unter dem Schuljahr angenommen, weil meine Mutter keinen Pfennig verdiente und auch noch mein kleiner Bruder zu versorgen war. So bin ich bald, statt Kind und Sohn zu sein, das Familienoberhaupt und der Ernährer geworden.

Meine Mutter wollte keinesfalls mehr heiraten, ja, auch nicht mit einem anderen Mann zusammenleben. Mit dreißig ist sie Witwe geworden und es geblieben. Mein Bruder und ich waren für sie der Lebensinhalt. Sie hat sich ganz uns gewidmet.

Das ist eine riesige »Schuldenlast«, mit der man ins Leben geht, wenn man auf der einen Seite einen Vater hat, der sich opferte, damit wir weiterleben konnten, und auf der anderen Seite eine Mutter, die ganz bewußt ihr Leben als Frau hingab, um uns keinen anderen Mann im Haus zuzumuten!

Lazare, der über ein beachtliches, ja, dröhnendes Organ verfügt, hatte während seines ganzen Monologs nur mit Flüsterstimme gesprochen.

Kaum war das Interview beendet, redete er wieder in seiner üblichen Lautstärke mit mir. Als ich ihn daraufhin ansprach, sagte er mir, er hätte das nicht gemerkt ...

Auf dem Gedenkstein in Auschwitz steht folgender Text in kindlicher Ausdrucksweise:

»Wir trauern um dich, lieber Papa. Am 14. Mai 1941 haben dich die Boches von uns weggerissen und dich nach Pithiviers gebracht. Am 24. Juni 1942 haben dich die Hitlerschweine nach Auschwitz verschleppt und dich mit fünfunddreißig Jahren dort umgebracht. Wir werden dich niemals vergessen, lieber Papa. Du bleibst für immer in unserer Erinnerung eingegraben. Du hast zwei Kinder zurückgelassen, die dich, wenn sie groß sind, rächen und ewig diese Hitlerverbrecher hassen werden. 19. Mai 1946«

André

Mein Vater war Schneider, und unsere Einkünfte waren sehr bescheiden.

Zu Hause sprachen meine Eltern untereinander und mit mir Jiddisch. Bevor sie mich in ein Pensionat gaben, bat mich meine Mutter, kein Wort Jiddisch mehr zu reden. Ich habe nicht gefragt, warum, aber ich war darüber sehr bekümmert ...

Wir hatten keine falschen Ausweispapiere. Meine Eltern wollten in die unbesetzte Zone. Sie entschlossen sich, mit dem Bus dorthin zu fahren, aber ohne mich.

Wenn sie es geschafft hätten, wollten sie schon einen Dreh finden, mich nachzuholen. Gelang es ihnen aber nicht, würde sich mein Onkel, der in der unbesetzten Zone lebte, um mich kümmern.

Es gab eine Ausweiskontrolle in dem Bus, und mein Vater wurde mitgenommen.

Meine Eltern konnten sich nicht einmal auf Wiedersehen sagen. Meine Mutter war durch einen glücklichen Zufall verschont geblieben. Sie hatte am Fenster gesessen. Der Polizist mühte sich ab, es zu öffnen, doch es klemmte hartnäckig. Er verlor zuviel Zeit damit, wurde schließlich nervös und vergaß, meine Mutter zu kontrollieren.

Ich muß dazu sagen, daß sie blond ist und blaue Augen hat. Aber mein Vater war es auch. Ich habe übrigens große Ähnlichkeit mit meinem Vater.

Gleich nach ihrer Ankunft in der unbesetzten Zone hat es meine Mutter bewerkstelligt, einen Nachbarn zu bestechen, der mich holen kam.

Er hatte ein Fahrrad, und ich saß auf dem Gepäckträger.

Ich erinnere mich noch, wie es über die Demarkationslinie ging. Zwei Tage lang hatte er mir eingebleut, was ich antworten sollte, wenn man mich fragte. Ich wäre sein Neffe und müßte ihn »tonton« (Onkel) nennen.

Eigentlich hatte ich bei der ganzen Reise das dunkle Gefühl, meinem Vater wäre etwas zugestoßen. Dieser Nachbar redete auch die ganze Zeit nur von meiner Mutter und nicht von meinem Vater. Also fing ich an, genauere Fragen zu stellen. »Hat mein Vater gesagt, daß ...« Und immer antwortete er: »Deine Mutter ...« usw.

Ich war verstört, gab dem Krieg die Schuld. Ich hatte kein Bewußtsein davon, Jude zu sein. Ich habe keinen gelben Stern getragen, und meine Eltern auch nicht ...

Als wir über die Linie waren, hat mich der Nachbar am Fuß eines Baumes abgesetzt und gesagt, mein Onkel, der Bruder meiner Mutter, würde mich holen kommen. Und in keinem Fall dürften die Leute, falls man mich fragen würde, wissen, daß er mich hergebracht habe.

Kaum war er fort, tauchte mein Onkel auf. Kurz darauf war ich wieder bei meiner Mutter.

»Wo ist Papa?«

»Die Polizisten haben ihn ins Gefängnis mitgenommen«, entgegnete sie mir.

»Ins Gefängnis? Mit Dieben zusammen? Hat Papa etwas Böses getan?«

Ich fühlte mich verloren, fing zu weinen an. Ich hatte Angst, mein Vater würde im Gefängnis von Ratten aufgefressen. Mein Vater bedeutete mir sehr viel.

Meine Mutter und ich wohnten in einem Zimmer bei einer alten Dame, doch das Zusammenleben stellte sich bald als zu schwierig heraus. Wir zogen um, fanden etwas im Erdgeschoß und blieben dort bis zum Ende des Krieges.

Die Leute der Gegend zeigten uns gegenüber keine Feindlichkeit, aber ich spürte, daß ich ein Fremder für sie war und sie Fremde nicht besonders mochten.

In der Schule vergeudete ich nur Zeit. Ich konnte bereits fließend lesen, trotzdem gaben sie mich in die Vorschule. Zum Glück regelte bald darauf ein Lehrer die ganze Sache, und ich durfte dann in eine richtige Klasse.

Ich behielt meinen Namen. Ich erinnere mich da an eine Begebenheit: Um eine Tante zu besuchen, die sehr krank war, mußten meine Mutter und ich mit dem Bus fahren. Ich höre meine Mutter noch, wie sie mir vorher einschärfte: »Ich heiße André Costes ...« Glücklicherweise erwies sich diese Vorsichtsmaßnahme als unnötig.

Die Befreiung kam. Ich wartete voller Zuversicht auf die Rückkehr meines Vaters. In all den Jahren ist mir nie der Gedanke gekommen, daß ich ihn womöglich nicht wiedersehen könnte!

Dabei haben wir nie einen Brief von ihm erhalten! In meiner

Vorstellung war er eben ein Kriegsgefangener. Die anderen kehrten zurück. Ich wartete weiter auf ihn.

Meine Mutter entschied, so bald wie möglich nach Paris zurückzugehen, damit sie Neuigkeiten von meinem Vater erfahren könnte. Sie erklärte mir, sie müsse zuerst eine Unterkunft herrichten und würde es für besser halten, wenn ich mein Schuljahr noch hier beendete und solange bei Nachbarn bliebe, die ich gut kannte und die damit einverstanden wären.

Ich verbrachte dort drei oder vier Monate. Ich fühlte mich bei ihnen nicht so richtig wohl. Dabei waren sie sehr nett zu mir, und ich mochte den ältesten Sohn, der sieben Jahre älter als ich war, recht gern. (Ich habe ihn übrigens mit meiner Frau und den drei Kindern vor einigen Jahren besucht. Wir sind mit offenen Armen empfangen worden.)

Meine Mutter schrieb mir oft. Nie war jedoch von meinem Vater die Rede. Ich verstand das nicht. Weshalb war er nicht längst aus Deutschland zurückgekehrt? In dem Dorf, wo ich wohnte, waren sie alle schon da!

Dann kam mich meine Mutter holen ... und ich merkte, sie kommt ja ganz allein! Mein Vater ist nicht dabei!

Ich habe meine Mutter nichts gefragt, und so seltsam mir das heute erscheint, sie hat mir auch nichts erklärt. Und wenn ich sage, nichts, dann war es auch wirklich nichts. Hier der Beweis: Wir fuhren also nach Paris zurück, und ich glaubte, wir würden in unserer alten Wohnung wohnen. Doch wir gingen woanders hin. Meine Mutter hatte unsere alte Unterkunft nicht wieder für uns beschaffen können und wohnte damals bei Freunden, die ihr ein winziges Zimmer abgetreten hatten. Ich sollte einige Zeit zu Nachbarn ziehen.

Wenn meine Mutter ein Zimmer hatte, warum nahm sie mich dann nicht zu sich?

Ich stellte ihr die Frage. Sie antwortete mir, sehr verlegen und ausweichend, daß die Gegenwart eines Kindes dort nicht erwünscht sei. Wirklich, ich fand das alles sehr unverständlich ...

Tatsache war, daß meine Mutter einem Jugendfreund wiederbegegnet war, einem ehemaligen Verehrer von ihr, der es dann vorgezogen hatte, ledig zu bleiben. Er hatte meiner Mutter den Vorschlag gemacht, mit ihm zusammenzuleben, und dabei störte ich ganz gewiß ...

Kurze Zeit später bekamen wir unsere alte Wohnung zurück, und ich zog mit ihnen zusammen. Wir haben niemals über meinen Vater gesprochen. Ich wurde zusehends magerer und schwächer, und meine Mutter beunruhigte sich. Sie schob alles auf die Entbehrungen.

Sie begriff überhaupt nichts. Der Arzt empfahl Gebirgsluft. Ich fuhr nach Savoyen und verbrachte dort fast ein Jahr bei einer Bauernfamilie. Erst dort wurde mir klar, daß ich Jude war ... und was das bedeutete. Wir waren ja nicht mehr unter der Besatzung, und die Bauern wußten, daß ich Jude war. Ich habe dort schwer unter den dummen Bemerkungen gelitten, die sie über mich machten. Es war völlig blödsinnig. Buchstäblich erstaunt darüber, daß ich wie sie aussah, machten sie jedoch keine Anstalten, mich am Familienleben teilhaben zu lassen. Sie nannten mich immer »der Fremde«. Ich geriet in eine extreme Trotzhaltung. Sie wollten, daß ich mit ihren Kindern zu den Katechismusstunden und zur Messe ginge, und ich lehnte mich entschlossen dagegen auf.

Ich habe das alles meiner Mutter geschrieben. Sie meinte, das sei nicht wichtig. Nur meine Gesundheit würde zählen.

Das war damals, als ich einen Brief von einem Cousin meines Vaters bekam. Er interessierte sich recht nett für mich und schrieb mir, daß sie bei sich zu Hause wieder die jüdische Tradition pflegten und den Sabbat befolgten.

Ich bat ihn, er solle mir alle Bücher, die er über die Geschichte der Juden und über die hebräische Sprache auftreiben könnte, schicken. Ich habe mir dann ganz allein beigebracht, Hebräisch zu lesen und war sehr stolz darauf. Ich schrieb das meiner Mutter, doch sie reagierte nicht weiter darauf.

Als ich nach Paris zurückkehrte, bat ich sie, eine jüdische Schule besuchen zu dürfen. Meine Mutter gab schließlich, widerstrebend, ihre Einwilligung dazu. Sie fand das dumm. Sie sprach zu Hause auch nur noch Französisch. »Man muß sich anpassen und all das, was einmal war, vergessen.«

Unter irgendeinem Vorwand, es ging um meine Gesundheit oder die zu einseitige Ernährung dort, nahm sie mich von dieser Schule und schickte mich aufs Gymnasium. Ich war den anderen um ein Jahr voraus. Ein oder zwei Jahre darauf heiratete meine Mutter diesen Freund. Mein Stiefvater setzte sich nun in den Kopf, ich müßte unbedingt seinen Namen tragen. Ich habe getobt. Ich war derart zornig, daß sie nicht weiter darauf bestanden haben.

Ich war vierzehn, als mir meine Mutter, an Krebs erkrankt, eröffnete, sie hätte nicht mehr lange zu leben. Er wollte wieder, daß ich seinen Namen annahm. Das wurde bei ihm zu einer fixen Idee. Die Familie meiner Mutter bat mich, in diese Formalitäten einzuwilligen. Er hätte vor, mich zu sich zu nehmen, wenn ich weder Vater noch Mutter mehr haben würde.

Zwei Tage vor dem Tod meiner Mutter habe ich schließlich nachgegeben, und er hat mich adoptiert. Aber ich trug seinen Namen nur an den meinen angehängt. Dann lebte ich mit ihm zusammen. Das war die schlimmste Zeit ... Meine Mutter fehlte, die vorher als Puffer zwischen uns gewirkt hatte.

Ich lernte sehr viel.

Ich war schon Assistenzarzt, als ich meine Frau kennenlernte. Sie gefiel ihm nicht, weil sie keine Jüdin war. Dabei hatte sie wegen ihrer jüdischen Großmutter den Stern getragen und im jüdischsten Viertel von Paris, rue des Rosiers, gewohnt. Sie wollte auch zum Judentum übertreten. Ein seltsamer Vorwand also für einen Mann, der sich völlig assimilieren wollte. Ich habe meinen Kopf durchgesetzt. Er hat uns nie wiedersehen wollen. Ich habe alles darangesetzt, seinen Namen wieder von dem meinen wegzubekommen. Ich habe ihn nie leiden können.

Weißt du, ich war damals erst neun Jahre alt, und innerhalb einer Woche sollte ich auf einmal begreifen, daß ich meinen Vater nie wiedersehen würde. Er war tot, und noch dazu in den »Verbrennungsöfen« umgekommen. Du versuchst dir also diese Öfen vorzustellen, und du schaffst es einfach nicht (war es vielleicht wie bei Jeanne d'Arc? ...) Was hat er getan, um so zu verbrennen?

Du stellst keine Fragen. – Du fühlst, daß du nicht nach dem Warum fragen darfst. Warum denn dieser andere Mann? Deine Mutter, hat sie deinen Vater schon vergessen? Du fühlst, daß du sie beide störst, besonders ihn, der es nicht gerne hört, wenn man sagt, ich wäre das Abbild eines Mannes, der sein Rivale ist und den er auslöschen will ... bis zum Namen und bis zur Vaterschaft.

Ich bin krankhaft ängstlich geblieben. Ich habe einen Horror davor, mich von meinen Kindern zu trennen. Meinen ersten Sohn habe ich nach meinem Vater genannt. Ich muß aber zugeben, ich spreche nie über meinen Vater, ganz gleich, mit wem es auch ist. Er ist in mir drin, das ist alles, und es reicht mir. Ich sehe mir nie die Bilder aus der Vergangenheit an.

Ich bin empfindlich wie eine Mimose geblieben, werde leicht wütend und bekomme fürchterliche Tobsuchtsanfälle, wenn ich den Eindruck habe, jemand will mir auch nur im geringsten an meine Individualität.

Ich bin sehr verschlossen. Meine Frau beklagt sich des öfteren darüber. Ich kann Gefühle nicht ausdrücken ... außer Wut ... und die ist eher schon Haß ...

Ich leide, aber ich will nicht daran denken und es nicht zeigen; deshalb meine verbindliche Art. Ich bin ein Rebell, und ich fürchte mich manchmal vor der Heftigkeit, die ich in mir spüre.

Ich hoffe, daß meine Kinder weiter Juden bleiben werden, ganz gleich, was geschieht. Ich gebe mich keinen Illusionen hin; das, was passiert ist, kann sich wiederholen. Man gönnt uns eine Atempause, eine Frist, bis zum ...

Ich kann kein jiddisch gesungenes Lied ertragen ... ich breche in Tränen aus ...

Es tut mir unheimlich weh, verstehst du das?

Ich habe dich gestern angerufen und um das Gespräch gebeten. Du fährst heute abend in die Ferien und hast noch alle Hände voll zu tun. Ich finde das ganz enorm, daß du trotzdem bereit warst, noch darüber zu sprechen ... es nicht zu verschieben ...

Ja, ich wußte, es würde unangenehm sein, aber du sitzt nun mal an dieser Arbeit, da mußte ich dir doch unbedingt helfen. Ich habe da kein Recht, mich zu drücken ... Es ist mir gar nicht in den Sinn gekommen ... Weißt du, dich an diesen Erinnerungen teilhaben zu lassen, ist für mein Gefühl so, als würde ich einem Freund, der es nötig braucht, von meinem eigenen Blut geben.

Deinem Blut?

Ja, so etwas wie von einer »Lebensquelle« oder so ähnlich!

Gut, wir können reden, aber worüber eigentlich? Ich habe das Gefühl, es gibt da nichts, was auch nur einen Gedanken wert wäre ... besonders nicht diese Zeit damals. Ich habe nie darüber gesprochen, nicht einmal mit meiner Frau, und erst recht nicht mit meiner Mutter, und ich versuche, nicht mehr daran zu denken. Ich habe in dieses Gespräch eingewilligt, weil du es bist. Du solltest nicht meinen, daß ich nicht in der Lage bin, mich all dem zu stellen. Ich will nicht fliehen ...

Ich weiß übrigens genau, warum ich nicht an meinen Vater denken will. Weißt du, ja, am besten ich sage es dir gleich, die anderen denken bestimmt voller Zärtlichkeit und Achtung an ihre deportierten Eltern, aber für mich ist mein Vater nichts weiter als ein armer Typ!

Weißt du, er hat sich wie ein Blödian in die Falle locken lassen. Ich verzeihe ihm diese Dummheit einfach nicht, begreifst du das? Er hätte vorher besser darüber nachdenken sollen! Ich glaube, das ist es, was mich tief innen plagt.

Das ist, um auf das Eigentliche zurückzukommen, ganz schnell erzählt. 1939 sind wir nach Royan gegangen. Warum? Vielleicht, ja, ich glaube tatsächlich, weil dein Vater seine ganze Familie dorthin gebracht hatte. Meine Mutter war damals mit mir allein, und dein Vater hat sich um uns gekümmert. Das habe ich erst später erfahren, als ich dich beim Physikum kennenlernte und dein Name meine Mutter regelrecht erschütterte.

Wir haben dann dort meinen Vater in Barcarès wiedergetroffen. Er hatte sich bei der Fremdenlegion gemeldet, wie fast alle Juden zu der Zeit. Und als ich ihn sah, schlecht gekleidet, traurig, schmutzig, unter der Situation leidend, wäre es mir lieber gewesen, ich wäre ihm so nicht begegnet. Ich habe dieses Bild nicht vergessen, und ich bin unglücklich darüber. Wie überhaupt über alles bei meinem Vater.

Ein weiteres Bild: Wir sind nach Paris zurückgekehrt, und mein Vater korrigiert auf die schönste Weise meine Auffassung von ihm. Er hatte nämlich im Innern eines doppeltürigen Schranks ein Versteck gezimmert. Kam die Polizei (man suchte zu der Zeit noch ausschließlich Männer), verbarg er sich darin. Ich fand das grandios und erzählte allen meinen Spielgefährten auf der Straße davon. Ich rühmte die Geschicklichkeit und

Schlauheit meines Vaters und beschrieb ihnen in allen Einzelheiten die Konstruktion. Die Eltern eines Kameraden informierten dann meine Mutter davon.

Wenn ich heute an den Schrank denke, war das eine völlig unsinnige Idee. Die Sache hatte weder Hand noch Fuß.

Ich war in der Vorschule laut, ungestüm und ungezogen. Zu Hause habe ich nur Jiddisch gesprochen, und am Anfang muß ich wohl beide Sprachen durcheinandergebracht haben. Ja, ich bin erst später übervernünftig, ernsthaft und sehr artig geworden. Ich konnte es mir nicht mehr erlauben, anders zu sein!

Meine Mutter hat mich als ersten hinübergeschickt. Ich bin der kleine Cousin einer Frau, die mich auf dem Gepäckträger ihres Fahrrades sitzen hat. Weißt du, das ist noch ganz lebendig in mir. Ich meine, ich kann noch die Streben von diesem Gepäckträger spüren, die mir ins Hinterteil schneiden. Plötzlich stoßen wir auf eine Straßensperre. Mir schnürt es den Hals zu. Die Frau sagt zu mir: »Wir müssen durch den Wald. Wir werden laufen, und es ist sehr weit. Du darfst nicht trödeln.« Mit diesem Zwischenfall hatte wohl keiner so recht gerechnet. Ich frage mich, ob ich meine Mutter überhaupt wiedersehen werde. Wir haben ja die Sperre von weitem bemerkt, aber meine Mutter, die mit einem anderen Helfer unterwegs war? Konnte sie noch rechtzeitig ausweichen?

Ich glaube, wir sind Ewigkeiten gegangen. Da taucht eine deutsche Patrouille im Wald auf. Doch die Frau verliert keineswegs die Nerven und stellt mich an einen Baum und sagt mir, ich solle pinkeln ... Den Deutschen erklärt sie, sie wäre von der Straße weg, weil ich so nötig gemußt hätte. Und ich kann trotz aller Anstrengung nicht pinkeln. Zum Glück ist es ziemlich dunkel. Außerdem bin ich beschnitten. Aber davon wußte weder die Frau noch ich etwas.

Wir laufen weiter. Erst zwei Stunden später als vorausgesehen sind wir drüben. Meine Mutter wartet. Sie ist ganz aufgelöst. Als sie mich endlich in Empfang nimmt, weint sie fürchterlich!

Wir wohnen in einem kleinen Zimmer. Ich gehe zur Schule. Wir sind schließlich in der freien Zone. Kein Stern, keine Erinnerungen weiter.

Doch, da ist noch etwas: In der Schule des Dorfes traue ich mich nicht, die Lehrerin zu fragen, ob ich zur Toilette dürfte, und ich komme mit beschmutzten Hosen nach Hause. Mein Vater erträgt das nicht. Er haut mir eine Ohrfeige runter, er begreift absolut nicht, was in mir vorgeht, sondern fühlt sich durch meine Haltung nur verletzt.

Im Grunde würde ich sagen, daß mein Vater wohl sanftmütig und besonnen war ... Aber ich habe nur zwei Sachen von ihm behalten: die Erinnerung an zwei Ohrfeigen, die er mir gegeben hat. Eigentlich ist das merkwürdig.

Eines Morgens, es war gegen Ende 1943, bekam mein Vater den Aufruf, sich zu melden. Er sollte zur Polizei. Später hat mir meine Mutter erzählt, sie hätte ihn angefleht, nicht hinzugehen. Aber er wollte nichts davon wissen. Er hat sich als Jude registrieren lassen. Was wäre aus uns geworden, wenn er nicht zu dieser Einberufung erschienen wäre?

Letzten Endes ist das unerträglich, kannst du das verstehen? Er hat sich für uns geopfert! Ich verdanke ihm mein Leben ein zweites Mal! Ist es nicht so?

Wenn er nur daran gedacht hätte, sich falsche Papiere zu besorgen, und sich nicht als Jude hätte deklarieren lassen! Auf diese Weise hätte er uns wirklich retten können! Ja!

Im folgenden Monat ist er bereits deportiert worden. Er hat noch aus dem Zug nach Auschwitz geschrieben: »Habt keine Angst, ich rette mich schon irgendwie.« Als meine Mutter von dem Abtransport erfuhr, versuchte sie, sich kaputtzumachen. Sie wollte nichts mehr essen, ließ sich völlig hängen, sprach nicht mehr mit mir, hörte nichts mehr.

Da habe ich sehr große Angst bekommen. Ich habe mir gesagt: »Jetzt werde ich auch noch sie verlieren!« Nachbarn haben mich gewarnt, ich solle nicht mehr in die Schule gehen, sie würden jetzt auch anfangen, die Kinder zu suchen. Meine Mutter war völlig stumpfsinnig geworden. Über einen Monat habe ich sie mit einem kleinen Löffel füttern müssen. Es war schrecklich! Ich hatte das Gefühl, sie würde nie wieder so wie früher werden. Ich war damals neun Jahre alt, und ich kümmerte mich um sie, als wäre sie mein Kind.

Einige Juden, die nicht weit entfernt wohnten, sind uns besuchen gekommen. Sie hatten von der Situation bei uns zu Hause gehört. Sie haben mit meiner Mutter gesprochen und ihr gesagt, sie müsse die Identität wechseln und noch einiges mehr. Auf einmal hat sie sich wieder gefangen.

Wir sind nach Savoyen gegangen, wo schon Verwandte von uns waren. Meine Mutter hatte ihre Selbstbeherrschung und Ruhe wiedergefunden. Katholische Freunde von uns suchten einen Bauernhof aus, auf dem ich als ihr Cousin aus dem Norden, der gute Luft brauchte, untergebracht wurde. Ich habe einen anderen Namen und hüte dort Ziegen. Manchmal bekommt mich meine Mutter zu sehen. Ich richte es so ein, daß ich mit der Herde möglichst an dem Haus vorbeiziehen kann, in dem sie mit ihren Cousins wohnt. Aber ich schaue nicht hin, wie sie es mir geraten hat.

Ich kam gut mit der Einsamkeit zurecht. Man ließ mich in Ruhe, ich mußte nur aufpassen, daß der Herde nichts geschah, und Ziegen folgen nicht immer. Eines Tages habe ich dann auch ein Tier verloren. Ich habe schrecklich geweint und mich nicht zurückgetraut. Was war, wenn die Leute mich nicht mehr behalten wollten? Ich wußte, es war lebenswichtig für mich, daß ich dablieb!

Zum Glück habe ich das Tier dann gefunden (seit der Zeit hasse ich Ziegen!). Ich war in der Familie das einzige Kind. Die beiden Söhne waren schon erwachsen.

Einer war Kollaborateur, und man nannte nie seinen Namen.

Der andere war der große Anführer der Untergrundbewegung dieser Gegend.

Wenn er manchmal, abends, für ein paar Stunden seine Eltern besuchen kam, dann machte man alles ganz dicht und flüsterte nur noch. Ich gehörte zur Familie und wußte all die Geheimnisse. Ich war ganz selig vor Bewunderung für diesen Sohn! Kaum tauchte er auf, wurde das ganze Haus lebendig.

Leider ist er dann eines Tages getötet worden. Seine Eltern fingen daraufhin das Trinken an. Es wurde immer mehr, und die katholischen Freunde mußten eine andere Familie für mich finden. Das war nicht mehr so wie vorher. Ich hütete dort Kühe. Zum Glück hatte ich einen Gefährten, einen Hund.

Nach der Befreiung habe ich ihnen gesagt, daß ich Jude bin und meine Mutter wiedersehen wollte. Ich bin bei den Bauern geblieben, bis meine Mutter eine Unterkunft für uns gefunden hatte und etwas Geld verdiente. Sie kam mich zu Beginn des Schuljahres holen. Ich war damals dreizehn und in Diktat und Rechnen eine Null. Ich ging aufs Collège Turgot und fühlte mich durch meine Unfähigkeit stark gedemütigt. Doch ich überwand das dann relativ rasch.

Meine Mutter wartete auf die Rückkehr meines Vaters. Ich

nicht. Ich hatte mir meine Meinung darüber gebildet. Und ich war es schließlich auch, der sie dann tröstete und aufrichtete.

Ich habe es meiner Mutter nie verziehen, daß sie, sechs Monate nach unserer Rückkehr, einen Mann mit nach Hause brachte, ohne mich zu fragen. Ich sollte ihn akzeptieren! Ich habe ihn total abgelehnt. Und auf einmal gleichzeitig auch meine Mutter mit ihm.

Ich habe mich dann ganz in mich zurückgezogen und bin noch schweigsamer geworden. Ich setzte alles dran, die Schule gut zu Ende zu bringen und fortzugehen.

Meine Frau ist Jüdin. Ich glaube, ich hätte mich mit einer Nichtjüdin nicht richtig wohlgefühlt. Die Eltern meiner Frau waren Freunde meines Vaters und meiner Mutter. Sie haben mir viel von meinem Vater erzählt.

Ich hoffe, daß meine Tochter später einen Juden heiratet. Dabei glaube ich an gar nichts mehr; ich bin Atheist. Ich war auch noch nie in Israel. Im Grunde habe ich Angst, dort enttäuscht zu werden. Ich habe mich mit der Geschichte des jüdischen Volkes befaßt. Sie erscheint mir wie ein ewiger Kreislauf: Verfolgungen, Demütigungen, Flucht, um zu überleben und die Kinder zu retten ...

Ich bin kein »verschämter Jude«, aber ich schmücke mich auch nicht damit. Ich meine, daß mir die Leute in der Hinsicht nichts Gutes entgegenbringen können, außer ihrem Unverständnis und ihrer Ablehnung meiner Identität, was bedeutet, daß sie mich ablehnen.

Ich habe auch sehr wenig Freunde. Womöglich aus Angst, enttäuscht zu werden. Ich weiß es nicht.

In Wirklichkeit trage ich wohl schmerzlich an der Last meines Judentums. Aber ich trage sie bewußt. Außerdem sind der Humanismus, unsere ausgeprägte Sensibilität, unser Sinn für Humor, eine ganz bestimmte Warmherzigkeit und der bedingungslose Idealismus der Juden Dinge, die einem helfen zu leben und die für mich wichtig sind.

Madeleine, Josephs Schwester

Ich bin 1931 in Paris geboren. Ich erinnere mich noch sehr gut an meinen Vater; ich war schließlich schon zehn, als er 1941 ins Lager nach Pithiviers gebracht wurde.

Ich muß dir etwas Schreckliches gestehen: Ich bin ihm böse, ja, ich nehme es meinem Vater übel, daß er sich deportieren ließ, ohne auch nur versucht zu haben, seinem Schicksal zu entgehen. Ich weiß, was ich da sage, ist häßlich, aber wenn ich heute schon mit dir darüber rede, muß ich auch das herauslassen, was mir seit über dreißig Jahren auf der Seele liegt, verstehst du?

Meine Eltern hatten ihre Naturalisierung noch nicht erreichen können. 1941 hieß es dann, mein Vater müsse sich auf dem Kommissariat melden. Es wurde damit gedroht, daß man Sanktionen gegen den Rest der Familie verhängen würde, wenn er der Registrierung nicht Folge leistete.

Gut, ich verstehe ja noch, daß er hingegangen ist. Aber später ... Er hätte doch aus dem Lager von Pithiviers fliehen können. Er hat es nicht getan!

Er arbeitete bei Privatleuten, einige Kilometer vom Lager entfernt. Er stand sich gut mit ihnen, und wenn wir, meine Mutter und ich, ihn besuchten, ließ er es sich nicht nehmen, uns zum Bahnhof zu begleiten. Er hatte den Leuten sein Ehrenwort gegeben, daß er zurückkommen würde. Sie waren für ihn verantwortlich. Einmal hatte meine Mutter eine Fahrkarte für ihn mitgebracht und ihn angefleht zu fliehen, mit uns zu fahren. Er hat das abgelehnt. Er dürfte die Leute, bei denen er war, nicht hereinlegen und sie irgendwelchen Konsequenzen aussetzen. Siehst du, solche Art von Mensch war mein Vater. Ein Idealist, und zwar bis auf die Knochen!

Intelligent wie er war, interessierte er sich für alles, las eine Menge. Er war aktives Mitglied beim Bund, einer Organisation jüdischer Sozialisten. Er glaubte an vieles. Er ist daran zugrunde gegangen. Er war nicht bereit, Zugeständnisse zu machen, nicht einmal in bezug auf Auschwitz!

Wir haben von anderen Deportierten erfahren, daß ihn die SS dort als Kapo vorgesehen hatte. Weißt du, Kapo, das bedeutete praktisch, jüdischer SS-Mann zu sein. Und das inmitten all der jüdischen Gefangenen. Er hat es abgelehnt und sich am selben Abend noch gegen den unter Strom stehenden Stacheldraht geworfen, mit dem das Lager eingezäunt war. Er hat Selbstmord begangen!

Wenigstens hat er seinen Tod wählen können. Er war schon 1942 deportiert worden, also unter den ersten, und hat so nicht den ganzen Leidensweg der Lager durchmachen müssen. Weißt du, das ist mein einziger Trost.

Man muß natürlich anerkennen, daß er sich seine Achtung vor den moralischen Werten bis zu seinem Tod bewahrt hat. Aber sein Leben hätte ihm doch wichtiger sein sollen! Und mir wäre es lieber gewesen, mit einem lebendigen Vater aufzuwachsen, auch wenn er sich durch ein paar Schweinereien gerettet hätte, als mit diesem Bild eines zwar hochmoralischen, aber toten Märtyrers.

Eigentlich schlimm von mir, nicht wahr? Aber das ist es, was ich denke und was ich ihm, stünde er vor mir, auch ins Gesicht sagen würde!

In dieser Hölle noch moralisch sein! Er hat einfach nicht annehmen wollen, daß es auch Unmenschliches gibt. Und ich, seine Tochter, mache ihm das zum Vorwurf. Ist das nicht eine Schande?

Es mußte erst zu deiner Arbeit kommen, daß ich einmal im Leben das Recht habe, all das zu sagen, was mir auf dem Herzen liegt. Wenigstens das, ja, wenigstens das!

Wiederum hat er meiner Mutter gesagt, an wen sie sich wenden könnte, wenn wir in Schwierigkeiten wären. Er war davon überzeugt, daß die Leute seiner Organisation uns helfen würden – und hierin hat er sich nicht getäuscht. Sie haben uns geholfen, haben falsche Papiere beschafft, uns Adressen und Geld gegeben und unsere Flucht in die Schweiz ermöglicht. Du siehst also, daß mein Bruder und ich ihm unser Leben verdanken. Wir waren ohne Geld und ohne Beziehungen. Die Leute haben sich für ihn in Stücke gerissen. Er war sehr beliebt und bestimmt sehr angesehen.

Ich erzähle dir das alles so durcheinander. Ich habe noch gar nicht gesagt, wie es mir ergangen ist.

Am Morgen der großen Razzia vom Vel' d'Hiv, also im Juli 1942 (wir wurden von der Organisation meines Vaters über die bevorstehende Razzia informiert), klopfte man bei uns mehrmals heftig an die Tür.[1] Ich war auf der Toilette und hatte die

[1] Siehe Chronik: 15.–16. Juli 1942

Spülung gezogen. Mit einer bewundernswerten Geistesgegenwart eilte meine Mutter zum Haupthahn der Wasserleitung in der Küche. Zum Glück. Man hatte uns gesagt, wir dürften auf keinen Fall reagieren, sollten uns einschließen und uns nicht rühren.

Die Nachbarin auf unserer Etage ist dann an die Tür gegangen und hat den Leuten erzählt, der Mann sei in ein Lager abgeholt worden und die Frau daraufhin mit ihren zwei Kindern und den Verwandten in die Provinz gefahren. Das sei schon einige Zeit her.

Sie haben dann nicht weiter nachgeforscht, aber die Frau hörte, wie der Anführer meinte, man müsse noch mal wiederkommen. Sie hat uns ganz schnell Lebensmittel und anderes besorgt, damit wir auf die weiteren Ereignisse vorbereitet wären. Wir durften nicht den geringsten Lärm machen. Sie sind noch am selben Tag drei- oder viermal wiedergekommen. Ich habe Todesängste ausgestanden . . . und mußte die ganze Zeit notwendig auf die Toilette.

Am Abend ist der Nachbarin eine Zwischenlösung eingefallen. Eine Mieterin im fünften Stock war irgendwohin weggefahren und hatte ihr den Schlüssel zu ihrer Wohnung dagelassen. Wir sind also rasch dahin umgezogen. Meine Mutter hatte das Wichtigste zusammengepackt, besonders Kleidung, denn sie rechnete damit, daß wir nicht mehr in unsere Wohnung zurückkehren würden, und sie sollte damit Recht behalten. Es war nötig, daß wir das Haus am nächsten Tag verließen und bei meiner Tante unterschlüpften. Sie hatte nichts zu befürchten. Sie war zwar Jüdin, aber mit französischer Staatsbürgerschaft. Von uns bis zu ihrem Haus waren es zwanzig Minuten zu Fuß. Die Nachbarin ist zu ihr gegangen und hat sie von unserem Kommen unterrichtet.

Am nächsten Morgen hat mich meine Mutter ganz dick angezogen: zwei Jacken, zwei Kleider, ein Rock und ein weiter Mantel. Dann hat sie mir erklärt, ich müsse den Mantel ganz fest zulassen und auch noch einen Schal darübertragen, damit niemand den Stern sehen könne. Ich sollte vor ihr hergehen und, würde ihr unterwegs etwas zustoßen, würde sie verhaftet, mich keinesfalls nach ihr umdrehen, sondern weitergehen, als gehörte sie nicht zu mir. Es sei ganz wichtig, daß ich ihr das versprechen würde!

Sie sagte mir, man würde sie schon, mit meinem kleinen Bruder auf dem Arm, wieder laufen lassen, auch wenn man sie erst einmal festhielte. Und bei einem kleinen blonden Mädchen mit blauen Augen würde, wenn man den Stern nicht sähe, niemand darauf kommen, daß es ein jüdisches Kind ist, tröstete sie mich.

Ich ging also etwa zweihundert Meter vor meiner Mutter. Ich zitterte am ganzen Leib, starb fast vor Angst und meinte, meine Beine müßten jeden Moment nachgeben. Ich habe es bis zu meiner Tante geschafft, und meine Mutter kam fünf Minuten nach mir dort an. Kaum war ich im Haus, machten meine Nerven schlapp. Ich brauchte lange, um mich wieder zu fangen.

Wir hatten damals ja Mitte Juli. Bei der Wärme konnte ein so winterlich gekleidetes Mädchen eigentlich nur auffallen, auch wenn es blond und blauäugig war!

Was für ein Vormittag! Es war wohl so gegen zehn Uhr, als ich es zum ersten Mal wagte, aus dem Fenster zu schauen. Ich hörte Lärm auf der Straße. Da sah ich, wie die Polizei versuchte, einen Mann, der etwa so alt war wie mein Vater, abzuführen. Er schrie und schlug um sich und ließ sich schließlich über den Boden schleifen. Es war die schrecklichste Szene, die ich je miterlebt habe. Ich schaffe es nicht, das zu vergessen. Ich habe daraufhin wie eine Wahnsinnige geschrien und geweint. Das war mehr, als ich verkraften konnte!

Noch am selben Abend sollten wir mit dem Zug in die unbesetzte Zone fahren. Ein Mann (von der Organisation bezahlt) würde uns begleiten. Wir waren seine Kinder und meine Mutter seine Schwägerin. Man trichterte mir das gründlich ein. Mein Bruder war noch zu klein, von ihm war nichts zu befürchten.

Aber meine Mutter bekam die Papiere nicht rechtzeitig. Ich erinnere mich noch, daß der Fluchthelfer wütend war. Wir sind dann erst am nächsten Tag fort. Wir sollten erster Klasse reisen. Er hatte meine Mutter gebeten, sich so elegant wie möglich anzuziehen. Sie wirkte recht fein und trug einen sehr schönen Hut von meiner Tante. Es war unsere Chance gewesen, daß wir den Zug vom Vortag nicht hatten nehmen können. Er war durchgekämmt worden. Und meine Mutter hätte mit ihrem auffallenden Akzent niemand täuschen können.

Es hat auch in unserem Zug Kontrollen gegeben. Jedoch nicht in unserem Abteil. Wir sind dann bis Lyon gefahren. Die Organisation hatte Mama geraten, meinen Bruder und mich bis zur Abreise in die Schweiz in ein Schloß zu geben, wo lauter jüdische Kinder untergebracht waren. Mein Bruder hatte auf einmal aber Masern, und ich durfte nicht mit ihm zusammensein. Ich bin dann heimlich zu ihm gegangen.

Dann kam die Abreise in die Schweiz. Wir mußten ja heimlich über die Grenze und hatten wieder einen Fluchthelfer. Außer uns war noch ein Ehepaar mit einem Baby und ein weiteres Paar mit einem Kind von fünf oder sechs Jahren. Den ganzen Weg über trug meine Mutter meinen Bruder auf dem Arm. Er war recht schwer, und wenn sie nicht mehr konnte, nahm ihn der Mann auf die Schultern. Meinem kleinen Bruder gefiel das. Dann hat uns der Fluchthelfer allein gelassen; wir waren an der Grenze und brauchten nur noch geradeaus zu gehen.

Es war nachts, und wir müssen im Kreis gelaufen sein. Jedenfalls standen wir auf einmal italienischen Karabinieri gegenüber. Aus und vorbei! Wir waren nur noch meine Mutter, wir beiden Kinder und das eine Paar mit dem Baby. Das andere hatte gerade eine Pause eingelegt, weil der kleine Junge nicht mehr konnte. Sie haben gesehen, wie wir festgenommen wurden und sind im Schutz der Bäume geblieben.

Meine Mutter hat die Karabinieri angefleht, hat auf das Baby und uns gezeigt, und ich weiß nicht, ob die Männer selber Kinder hatten, sie waren keine Deutschen, und sie haben Mitleid mit uns gezeigt und uns erklärt, wie wir zurückkämen. Zehn Minuten später waren wir in der Schweiz, bei Annemasse.

Zwei oder drei Tage später wurden wir in einem Flüchtlingslager untergebracht, und etwa vierzehn Tage später erklärte man uns, daß die Kinder in Familien aufgenommen würden. Wir mußten uns von meiner Mutter trennen. Wir fuhren, zusammen mit anderen Kindern, im Zug und hatten alle Schilder mit unseren Namen um den Hals hängen. Am Ziel angekommen, warteten die Gastfamilien auf uns. Erst da begriff ich, daß ich auch von meinem Bruder getrennt werden würde. Doch seine Familie und die meine kannten sich.

Die Leute, bei denen ich war, zeigten sich mir gegenüber nicht sehr freundlich. Die meiste Zeit durfte ich nicht mit ihnen zusammen essen. Ich ging zur Schule, aber man sprach dort nur Schweizerdeutsch. Ich fühlte mich verloren. Meine Mutter durfte uns die erste Zeit nicht besuchen. Ich machte für das ganze Haus die Betten, wusch ab, schälte alles mögliche und insbesondere mußte ich dem Vater und dem Sohn die Jagdstiefel putzen, die immer fürchterlich schmutzig waren.

Ich bekam nicht einmal meinen Anteil Schokolade. Nur die älteste Tochter, die in Zürich studierte, verwöhnte mich. War sie in den Ferien zu Hause, gab sie mir sogar ihren Teil. Ich schreibe ihr noch heute, und sie kennt meinen Mann und meine Söhne. Sie verstand sich nicht mit ihren Eltern und lehnte die Art ab, wie ihre Mutter mich behandelte. Ich bekam die meisten Ohrfeigen.

Als ich dann meine Mutter das erste Mal sehen durfte, habe ich sie gebeten, sie solle doch versuchen, mich bei einer anderen Familie unterzubringen. Sechs Monate danach kam ich tatsächlich zu anderen Leuten, wo ich keine Hausarbeit verrichten mußte, meinen Anteil Schokolade erhielt, keiner auf mich achtete und ich mir völlig selbst überlassen blieb. Mir war das so viel lieber!

Nach der Befreiung ist meine Mutter dann allein nach Paris zurückgekehrt. Mein Bruder und ich blieben noch einige Monate in der Schweiz, bis wir mit einem Kindertransport zurückgebracht wurden.

Eines Sonntags, in Zürich, kamen mich Freunde meiner Eltern besuchen. Ihre Tochter war im selben Alter wie ich. Wir, Marguerite und ich, sprachen Französisch miteinander und ihre Eltern unter sich Jiddisch. Von einem bestimmten Moment an begannen sie, Polnisch zu reden. Ich ging gerade neben ihnen und habe sie angesehen und gesagt: »Mein Vater ist tot, nicht wahr? Deshalb sprechen Sie doch Polnisch?«

Sie haben versucht, es abzuleugnen, aber ich hatte auf einmal die Gewißheit, daß es so war.

Gleich nach meiner Rückkehr nahm mich meine Mutter mit ins Hotel Lutétia[1]. Sie glaubte noch daran, daß mein Vater zurückkommen würde. Ich stand gerade bei ihr, als ein Freund meiner Eltern sie erkannte und ihr erzählte, wie mein Vater Selbstmord begangen hatte.

Mein Onkel ist dann zu uns gezogen. Er war der Mann der Schwester meiner Mutter gewesen. Seine Frau und seine Töchter waren deportiert worden, und er war allein übriggeblieben. Die jüdische Sitte, die verlangt, daß sich eine verwitwete Frau möglichst rasch wiederverheiratet, wenn möglich, mit einem Mitglied der Familie, wurde beachtet.

Ich stieß zu Hause für nichts und wieder nichts mit ihm zusammen. Meine Mutter gab sich alle Mühe, die Dinge wieder einzurenken. Es war praktisch nicht zum Aushalten. Ich hatte

[1] Siehe Chronik: April–Mai 1945

das Gefühl, er haßte mich schon, wenn er mich nur sah. Ich ähnelte sehr seiner Tochter, meiner Cousine. Er dachte bestimmt: »Warum ist sie noch am Leben und nicht meine Tochter?« Ich jedenfalls dachte: »Warum ist er noch am Leben und nicht mein Vater?« Mein Vater, dessen Platz er einnahm!

Mit meinem Bruder dagegen geriet er nicht aneinander. Er betrachtete mich als Faulenzerin; ich kam in der Schule nicht gut zurecht, aber ich wollte weitermachen. Ich war nur in Deutsch gut!

Meine Mutter und mein Onkel haben dann einen Bäckerladen übernommen. Sie brauchten eine Hilfe. Also sagten sie mir, ich solle die Schule verlassen. Die Streitereien nahmen darauf kein Ende mehr. Ich war ja den ganzen Tag mit ihnen zusammen. Mein Onkel hat bestimmt bedauert, daß er mich als Verkäuferin genommen hatte.

Ich war zwanzig, als ich heiratete.

Ich habe mich nie »in meiner Haut wohlgefühlt«, wie es so schön heißt. Ich versuche mich zu ändern, so gut es geht. Die Verwandten finden mich heiter, gesellig, voller Schwung. In Wirklichkeit verschließe ich alles in mir, lebe schlecht und weine häufig, wenn ich allein bin.

Ich habe mehrfach an Selbstmord gedacht. Aber jetzt komme ich zum ersten Mal dahinter, daß das immer dann geschah, wenn ich von meinem Mann oder meinem Sohn getrennt war.

Dabei wußte ich jedesmal, daß sie wiederkommen würden, ich also gar nichts zu befürchten brauchte.

Weißt du, ich habe mich nie ganz vom Krieg erholt. Ich fürchte mich vor vielerlei Dingen, habe manchmal Angstzustände, ja gerate regelrecht in Panik, die ich nur schlecht erklären kann. Ich fühle mich sehr einsam, ja, sehr isoliert. Im Grunde recht verlassen.

Mein Bruder dagegen hat eine ganz andere Ausgangsbasis. Ich glaube, er war noch zu jung, um alles zu begreifen. Deshalb hat er das besser überstanden. Trotzdem darf man in seinem Beisein nicht von unserem Vater reden. Es sieht aus, als würde er es nicht ertragen. Eigentlich seltsam!

Ich bin froh darüber, daß du diese Arbeit schreibst. Vielleicht ist sie, wie der Tod der deportierten Eltern ... nicht »umsonst« ... Ich werde in nächster Zeit Großmutter und hoffe nur, daß dieses Kind nie das kennenlernen wird, was wir durchmachen mußten. Das ist mein größter Wunsch für seinen Start ins Leben.

Joseph, Madeleines Bruder

An meinen Vater erinnere ich mich nicht mehr; ich kenne ihn nur von Fotos. Ich war vier Jahre alt, als er fort mußte.

Jedenfalls habe ich oft gedacht, daß ich, indem ich meinen Vater verlor, gleichzeitig um das Zuhause und meine Mutter gebracht worden bin. Es klingt vielleicht erstaunlich, aber für mich ist meine Mutter nur dem Namen nach Mutter, sonst nichts weiter. Ich habe nichts mit ihr gemeinsam. Meine wirkliche Mutter ist meine Schweizer Mutter, wie ich sie nenne.

Weißt du, kaum waren wir damals in der Schweiz in dem Lager, hat man die Kinder von den Eltern getrennt. Das war so eine Mode, die regelrecht grassierte.

Man steckte uns also in einen Zug und schickte uns zu einer unbekannten Familie. Als ich dann meine zweite Mutter sah, war das Liebe auf den ersten Blick. Ich fand sie sehr schön! Sie war ein »Fräulein« um die Vierzig, mit einem offenen Gesicht, aus dem die Güte nur so strahlte. Sie ist inzwischen siebenundsiebzig, und ich besuche sie oft. Aber sie ist jetzt krank, und das beunruhigt mich sehr. All die Wärme und Zuneigung, die ich in meinem Leben erfahren habe, ist von ihr gekommen.

Sie hat immer von einem Sohn geträumt und ich von einer solchen Mutter. Es war also ein großer Glücksfall für uns beide. Sie sprach nur ein paar Worte Französisch, und ich hatte das Schweizerdeutsch noch nie gehört, aber wir haben uns trotzdem sehr gut verstanden.

Ich habe nur drei Jahre bei ihr verbracht. Als ich wieder fortmußte, habe ich erst richtig gespürt, was ich für sie empfand. Ich weinte und sie auch. Ich schwor ihr, daß ich alles versuchen würde, um rasch wieder zu ihr zurückzukommen ... und ich glaubte das auch.

Abends erzählte sie mir Geschichten, und tagsüber interessierte sie sich für das, was ich tat, freute sich über die Fortschritte, die ich machte, und war stolz auf mich. Ich redete bald wie ein echter Schweizer und vergaß mein Französisch.

Die Rückkehr, das war vielleicht was! Enttäuschung auf der ganzen Linie! Eine Mutter, die mit den Ereignissen nicht mehr fertig wurde und mich recht ungnädig empfing. Nach zwei Tagen begriff ich, daß ich sie nicht interessierte. Meine Schwester?

Wir haben nichts gemeinsam. Und dieser Onkel-Stiefvater war die Krönung! Zum Glück hatte ich ja jemand, mit dem ich Schweizerdeutsch reden konnte, und meine Schwester – sie hatte Französisch noch nicht vergessen – übersetzte dann für mich.

Dann diese endlosen Auseinandersetzungen zwischen meiner Schwester und meinem Onkel ... und meine Mutter immer dazwischen. Niemand kümmerte sich da noch um mich ... Ich erlebte Tage, an denen man kein einziges Mal mit mir sprach, und ich hatte auch keine Freunde. Meine Mutter ging in die Bäckerei und ich in die Schule. Ihr war es egal, ob ich wieder gut nach Hause kam und um welche Uhrzeit. Ganz davon zu schweigen, daß mich nie jemand gefragt hat, was ich in der Schule mache. Das war zuviel!

Man steckte mich in einen Vorbereitungskurs. Da ich die erste Zeit kein Französisch verstand, schlief ich immer, den Kopf auf dem Tisch, ein. Die Lehrerin hat mich in Ruhe gelassen.

Sie hat meine Mutter zwei- oder dreimal in die Schule gebeten. Aber meine Mutter vergaß entweder den Termin oder hatte keine Zeit, hinzugehen. Also mußte die Lehrerin schließlich meinen Fall mit den anderen Kollegen besprochen haben. Jedenfalls gab es einen Lehrer von einem Begleitkurs, der Deutsch konnte und mir vorschlug, ich solle jeden Tag mit ihm arbeiten. Er hat mir dann Französisch beigebracht.

Weißt du, wie er hieß? Monsieur Lallemand ...

Und ein Jahr lang hat er mich, ohne eine Bezahlung anzunehmen, in der Mittagspause und während der Aufgaben-Zeit zu sich geholt. Er hat mich gerettet, hat mir Lesen und Schreiben beigebracht und war für mich ein richtiger Freund. Ich mochte ihn so sehr, daß ich ihn eines Tages mit zur Bäckerei genommen habe. Es war gegen Ende des Schuljahrs, und ich wollte, daß sich meine Mutter bei ihm bedankte. Ich habe mich dann derart über ihre Art, ihn zu empfangen, geärgert ... daß ich nie wieder einen Freund mitgebracht habe.

Absurdes Detail: Da ich immer nur Deutsch sprach, nannten mich die Kinder unseres Viertels »kleiner boche«. Ich habe das diesem Lehrer erzählt, und er hat es irgendwie abstellen können.

Nach dem Schuljahr ist er in die Provinz gegangen, und ich war noch einsamer als vorher. Ich schrieb viel an meine Schweizer Mutter und hoffte, daß ich in den Ferien zu ihr fahren könnte. Aber daran war überhaupt nicht zu denken. Reisen kosteten Geld, und es war keines da. Erst drei oder vier Jahre später konnte ich sie besuchen. Das war wunderbar. Ich fühlte mich sofort zu Hause.

Meine Mutter vertrug diese tiefe Beziehung äußerst schlecht. Sie war sehr eifersüchtig. Blödsinnig eifersüchtig. Mehr brachte sie nicht zusammen.

Ich erstickte förmlich bei uns zu Hause. Also war ich immer draußen und kam heim, wann ich wollte. Solange es nicht später als neun Uhr war, sagte sowieso niemand etwas. Ich verbrachte alle Donnerstage[1] auf der Straße, und keiner machte sich deshalb Gedanken oder fragte mich auch nur, wo ich denn die ganze Zeit gewesen sei.

Ich habe irgendwann ein Foto von meinem Vater gefunden, und ich erinnere mich, wie ich es abends unter der Bettdecke verbarg und oft weinte. Es war keine fröhliche Kindheit, nein.

Ich bin nie irgendwie ausgegangen, ins Kino, in den Jardin du Luxembourg, in den Zoo, wie es andere Kinder tun!

Mein Onkel wettete bei Windhundrennen. Einmal die Woche. Das war dann immer der große Familienausflug.

Eines Tages habe ich die Schnauze voll gehabt. Mir hat es ganz einfach gelangt. Ich bin von zu Hause weg und gelaufen und gelaufen. Um elf Uhr abends kam ich hundemüde bei meiner Tante an. Ich habe keinen Bissen mehr runtergebracht, wollte nur schlafen ... nichts anderes. Meine Tante hat dann meine Mutter verständigt, die sich anscheinend sogar für einen Moment sehr beunruhigt hatte. Ich muß damals dreizehn oder vierzehn gewesen sein. Ich bin nicht etwa nach einem Streit oder wegen einem bestimmten Vorfall weg, sondern ganz einfach, weil ich es nicht mehr ausgehalten habe, mit ihnen zusammenzuleben. Ich wollte nicht mehr zurück. Ich bin über eine Woche bei meiner Tante geblieben. Dann ging es wieder nach Hause. Niemand hat auch nur die geringste Bemerkung zu dieser Sache gemacht.

Dann hat meine Schwester meinen künftigen Schwager kennengelernt, und er hat mich zu neuem Leben erweckt. Ein großer Bruder hätte nicht besser sein können! Er war jung, aber am liebsten hätte ich ihn als Vater gehabt. Er interessierte sich für mich, ich fühlte, daß ich ihm etwas bedeutete, und ich hatte endlich jemand, mit dem ich reden und diskutieren konnte. Er war es, der mir meine erste Arbeitsstelle beschaffte und immer

[1] In Frankreich ist donnerstags schulfrei. (Anm. d. Übers.)

mit Rat weiterhalf. Es ist wirklich so ... ich bin durch ihn aufgelebt!

Mein Onkel starb, und ich blieb bei meiner Mutter. Ich aß dort, schlief dort, das war aber auch alles. Eine Mauer trennte mich von ihr.

Ich hatte Alpträume. Es kann auch jetzt noch vorkommen daß ich nachts von meinen Tränen aufwache, aber es wird allmählich seltener. Ich bin dann in der Nähe von Auschwitz, ich höre eine Art Wehklagen, und ich sage zu den Leuten, die bei mir sind: »Bleibt stehen, man schreit da drinnen!« Sie starren mich verwirrt an, als wäre ich verrückt geworden, und entgegnen: »Aber da ist nichts mehr, alles ist ausgestorben, leer.« Aber ich kann nicht mit ihnen zurückgehen ... Ich bitte sie, mich hier zurückzulassen, und kaum bin ich allein, fangen sie wieder an ... fürchterliche Schreie, Wehklagen ... und ich erkenne in einem Nebel aus Rauch Formen, Gestalten ... Also arbeiten die Verbrennungsöfen noch, und man hat mir die Wahrheit verschwiegen? ... Und dann wache ich in Tränen gebadet und von Angst geschüttelt auf.

Meine Frau bekam einen Schreck, als ich ihr einmal sagte: »Wenn ich sterben muß, dann möchte ich, daß meine Kinder mit mir sterben.« Ich mußte ihr dann erklären, daß es keine schöne Erfahrung ist, den Vater zu verlieren, Halbwaise zu sein. Es ist schon schlimm genug, wenn der Vater »normal« stirbt. Aber unter den Umständen, wie ich es erlebt habe, mußt du auf einmal mit fünf Jahren die Familie, das Milieu, das Land und die Sprache wechseln. Drei Jahre später gibst du alles wieder auf und sprichst erneut nicht die Sprache der anderen. Du erbst deinen Onkel als Stiefvater. Du begreifst überhaupt nicht mehr, wer du bist, wo du lebst und warum alles so »verkehrt« läuft. Das ist sehr schwer!

Weißt du, ich bin nicht glücklich darüber, Jude zu sein. Ganz und gar nicht. Da ich Atheist und antireligiös bin, regt mich der Judaismus auf. Und was den gefühlsmäßigen Aspekt betrifft, ist es noch viel schlimmer. Ich habe die Vorstellung, daß der Umstand, ein Jude zu sein, meinen Vater getötet hat. Wie soll ich mich dann als Jude in meiner Haut wohlfühlen?

Einmal hatte ich eine merkwürdige Reaktion. Ich bin nie in Israel gewesen, aber als der Sechstagekrieg ausbrach, hätte ich mich am liebsten als Freiwilliger gemeldet. Du wirst nicht ahnen, was der Grund dazu war! Man hat in Israel für jeden

Deportierten einen Baum gepflanzt. Ich mußte also doch hingehen und den Baum meines Vaters verteidigen. Mir war, als würde man ihm ein zweites Mal das Leben rauben oder sein Grab schänden. Ich kann dir das nicht so richtig erklären, was in mir da passiert ist, aber ich mußte immer weinen ... endlos weinen!

Mein Vater hat mir, abgesehen von diesem Baum, ein Gefühl für die menschlichen Werte vererbt. Und ich bin stolz darauf, daß er es abgelehnt hat, Kapo zu sein. Sie haben es nicht geschafft, ihn zu erniedrigen.

Ich habe öfter an Selbstmord gedacht, besonders als Jugendlicher ... aber ich habe nie den Schritt gewagt. Ich hätte mich dann vor meinem Vater geschämt. Er hätte sein Leben für nichts geopfert!

Ich verdanke ihm, daß ich am Leben bin. Und wäre er nicht diese ganz besondere Persönlichkeit gewesen, hätten seine Freunde nicht alles in Bewegung gesetzt, um uns zu retten, wie es der Fall war. Sie haben es für meinen Vater getan und nicht für uns!

Ich glaube, mein Vater ist ein fröhlicher Mensch gewesen. Ich mache mir Vorwürfe, weil ich nicht lachen und nicht ausgelassen mit meinen Kindern spielen kann. Es fehlt mir wahrscheinlich an Übung. Ich meine schon, daß man es lernen kann, Spaß zu haben ... genau wie die französische Sprache ... Meine Mutter versichert mir zwar immer, ich wäre überhaupt nicht vom Krieg gezeichnet, und mir hätte mein Vater nicht gefehlt ... nur, weil ich mich nicht an ihn erinnere.

Gibt es überhaupt jüdische Kinder unserer Generation, die nicht »gezeichnet« sind?

Samuel

Ich weiß nicht, warum ich in dieses Gespräch eingewilligt habe. Vielleicht, weil ich dich einige Jahre nicht gesehen habe. Es war ein Vorwand, sich wieder zu treffen, einen gemeinsamen Abend zu verbringen. Du kennst noch nicht einmal meinen jüngsten Sohn. Aber ich hätte es schon lieber gehabt, wenn wir uns wiederbegegnet wären, um über ein anderes Thema zu reden.

Eigentlich ist es gar nicht das Thema, was mich stört, sondern viel eher die psychiatrische Seite daran! Ich habe einen Horror vor allem, was mit der Psychiatrie und der Psychoanalyse zusammenhängt.

Du weißt vielleicht noch gar nicht Bescheid. Am besten, ich sage es dir gleich. Mein ältester Sohn, der Sohn aus meiner ersten Ehe, ist seit zwei Jahren in einer Klinik, wo er wegen »Schizophrenie« behandelt wird. Es ist schrecklich!

Ich habe wirklich nichts Interessantes zu erzählen . . . die übliche Geschichte! Ich wurde 1933 geboren. Ich habe noch eine ältere Schwester. Wir lebten im Norden von Frankreich.

Meine Eltern besaßen ein Konfektionsgeschäft. Mein Vater war eigentlich gelernter Kürschner. Wir standen uns, soweit ich weiß, ziemlich gut.

Mein Vater wurde zum Militärdienst einberufen. Er hat darum gebeten, daß meine Mutter mit uns nach Paris gehen sollte, wohin er uns einige Zeit später folgte.

Ich glaube, es trug noch niemand den Stern, als wir schon in die freie Zone überwechselten. Ich weiß das nicht mehr so genau.

Ich erinnere mich nur noch, wie wir heimlich über die Demarkationslinie sind. Mein Vater ist vor uns hinübergegangen. Ich war mit meiner Mutter und meiner Schwester zusammen. Wir mußten laufen, endlos laufen, und durften kein Wort sagen. Ich glaube nicht, daß ich Angst hatte, ich war nur sehr müde.

Zuerst sind wir nach Nizza. Ich habe überhaupt keine Erinnerung mehr an Nizza. Rein gar nichts. Dann, 1943, waren wir auf einmal in Lyon. Warum, weiß ich nicht.

Ich habe keinen Stern getragen, denn ich habe meinen Namen geändert. Nein, nicht den Nachnamen, nur den Vornamen, und das war sogar mein richtiger zweiter Vorname. Ich habe ihn seitdem behalten. Mein Familienname klingt ja sehr französisch. Mein Vater und meine Mutter sprachen ohne jeden Akzent. Nur mein Vorname, er war sehr biblisch, stellte eine Gefahr dar.

Bevor dieser Namenswechsel stattfand, war ich sehr wohlerzogen gewesen und den Kindern meines Alters im Durchschnitt voraus. Merkwürdigerweise fand ich mich, kaum daß ich den anderen Namen hatte, ganz am Ende der Klasse wieder.

In Lyon wohnten wir in zwei winzigen Zimmern. Eigentlich war es eher ein möblierter Speicher.

Mein Vater war zur Résistance gegangen. Was er dort genau tat, weiß ich nicht. Ich entsinne mich nur noch, daß es sehr kalt war und mein Vater pelzgefütterte Lederjacken für die Widerstandskämpfer anfertigte ...

Eines Abends ist er gegen siebzehn Uhr losgezogen, um die Jacken bei einer bestimmten Adresse abzuliefern. Er hat sich dabei von der Gestapo erwischen lassen. Gleichzeitig flog das ganze Netz des örtlichen Widerstands auf. Das war am 31. Januar 1944.

Ich schämte mich zu sagen, daß mein Vater deportiert worden war. Ich sah in meiner Vorstellung die Viehwaggons vor mir, die gestreiften Pyjamas und die kahlgeschorenen Schädel der Zwangsverschleppten, alles, was mir daran grotesk erschien ... und ich schämte mich. Also habe ich den anderen Kindern lieber erzählt, daß mein Vater als Widerstandskämpfer gefaßt und von den Deutschen erschossen worden sei. Ich verstehe nicht, warum ich mich für seinen Tod so geschämt habe!

Er ist am 7. März 1944 in Richtung Auschwitz deportiert worden. Ich habe später gehört, daß die Leute der letzten Transporte, wenn sie die Fahrt überlebt hatten, gleich bei ihrer Ankunft in die Gaskammern kamen. Du kennst ja das System: Scheinheilig gibt man ihnen Handtücher für die angebliche Dusche. Dann ist die Arbeit erledigt.

Ich habe nie damit gerechnet, daß er nicht wiederkommen würde! Weißt du, mein Vater war jemand, der sich durchzuschlängeln verstand, außerdem war er physisch groß und stark – ich ähnele ihm sehr –, er maß einen Meter achtzig und war sehr sportlich. Außerdem war März 1944 ja schon fast Kriegsende.

Die letzten Ferien vor dem Krieg sind mein Vater und ich zum Angeln gegangen. Nur wir zwei.

Ich kann nicht mehr weiterreden. Es ist zu schlimm. *(Samuel läßt sich los und schluchzt verzweifelt, den Kopf, zwischen den Armen verborgen, auf dem Tisch. Er weint so über eine halbe Stunde, versucht nicht, sich zusammenzureißen. Mitten unter dem Schluchzen stößt er, ganz kindlich, mehrmals klagend aus: Papa, Papa!*

Plötzlich hört Samuel mit dem Weinen auf und schleudert mir heftig entgegen: Du kannst das nicht verstehen, niemand weiß davon. Das einzige Mal, daß ich mich heftig mit meinem Vater gestritten habe und er dann wütend losgegangen ist, ohne daß wir uns zuvor versöhnt haben, war an jenem Abend, als er verhaftet worden ist! Begreifst du, was ich mir für Vorwürfe mache? Und ich war an der ganzen Sache schuld. Ich wollte ihm nicht die Illustrierte überlassen, in der ich gerade las, obwohl ich zwei davon hatte! Er war immer ganz scharf auf die Comics. Was war nur in mich gefahren? Wütend auf mich ist er fortgegangen! Ein Streit ... das war der Abschied, den ich meinem Vater bereitet habe! Mein Gott, er hat das überhaupt nicht verdient ... Er war so sanft und immer so geduldig mit mir ... Ich habe mir ihm gegenüber bestimmt zuviel herausgenommen ... Dann, an dem Abend, haben wir gewartet und gewartet ... Meine Schwester ist schließlich losgegangen, um herauszufinden, was mit ihm passiert war.

Eine Nachbarin hat mich informiert. Ich begriff nichts. Am selben Abend noch sind wir zum Übernachten zu Freunden gezogen und haben alles in unserem Wohn-Speicher stehen und liegen lassen. Am nächsten Morgen sind wir dann, meine Mutter, meine Schwester und ich, in irgendein Dorf geflohen, es war, glaube ich, in Savoyen.

Bei der Befreiung ist uns etwas Merkwürdiges zugestoßen. Damals habe ich wirklich schreckliche Angst ausgestanden. Widerstandskämpfer tauchten auf einmal bei uns auf. Sie wollten meine Mutter als deutsche Spionin festnehmen! Sie hatten irgendwann auf der Straße gehört, wie sie mit meiner Tante Jiddisch gesprochen hatte. Es war unmöglich, sie vom Gegenteil zu überzeugen. Ich war mit meiner Mutter zu dem Zeitpunkt allein, und ich weiß nicht, was geschehen wäre, wenn nicht meine Schwester plötzlich dazugekommen wäre. Meine Schwester war sechzehn und außerordentlich schön. Der Anführer der Gruppe ließ sich von ihr überzeugen. Sie ist später mit ihm ausgegangen, und er hat ihr gestanden, daß er meine Mutter nur wegen der schönen Augen meiner Schwester freigelassen hätte, aber damals fest davon überzeugt gewesen wäre, daß kein Wort von unseren Erklärungen stimmte. Ich habe die Gefahr der Situation ganz deutlich gespürt. Sie war für mich viel angstvoller, viel fürchterlicher gewesen als der Umstand, daß ich Jude war, oder die Verhaftung meines Vaters!

Meine Mutter hatte nichts mehr. Weder Geld noch Geschäft noch Wohnung. Und sie hatte auch keine Nachricht von meinem Vater. Sie wußte nicht, was sie mit mir machen sollte. Meine Schwester konnte sich allein durchbringen, aber ich war noch zu klein und eine Last für sie. Man hat ihr dann von einem Kinderheim erzählt, das speziell dazu eingerichtet war, alleinstehenden Müttern aus der Verlegenheit zu helfen, und ich wurde für über ein halbes Jahr dort hingegeben.

Später hat meine Mutter wieder geheiratet, und die Nichte meines Stiefvaters, deren vier Schwestern alle in Auschwitz umgekommen sind, ist meine erste Frau geworden. Ich habe sehr jung geheiratet, ich fing gerade mit dem Studium an, und sie erwartete ein Kind. Aber ich habe nicht geheiratet, weil ich die Situation in Ordnung bringen wollte. Wir haben uns sehr geliebt. Sie war damals erst knapp siebzehn und ich noch keine neunzehn. Wir waren beide doch noch sehr pubertär.

Mein Sohn war zehn Jahre alt, als wir uns scheiden ließen. Sie hat wieder geheiratet: einen Fabrikarbeiter. Er ist kein Jude.

Mein Sohn hat sich nicht mit seinem Stiefvater verstanden. Als ich dann auch zum zweitenmal heiratete, habe ich ihn zu mir genommen. Ich habe eine Jüdin aus Nordafrika geheiratet, die nichts von dem Krieg mitbekommen hat. Ich habe noch drei weitere Kinder.

Meinem ältesten Sohn gegenüber haben wir uns schuldig gemacht; wir haben ihm nicht das gegeben, was er gebraucht hat. Mein Vater hat mit seinem Leben bezahlt, mein Sohn zahlt auf andere Weise, aber wohl kaum weniger hart. Und auch ich bin nicht verschont geblieben.

Ich vertrage es nicht, mich von meinen Kindern zu trennen. Nicht einmal in den Ferien.

Für mich ist der 31. Januar nur selten ein Tag wie jeder andere.

Weißt du, seit dem Fortgehen meines Vaters habe ich bis heute keine einzige Träne geweint. Ich hatte immer das Gefühl, ich sei völlig zu, von einer Mauer umgeben. Ich hatte sogar vergessen, daß es so etwas wie Weinen überhaupt gibt.

Vor fünf, sechs Jahren, ich war schon wieder verheiratet, wurde eines Abends eine ganz bestimmte Sendung im Fernsehen gebracht. Einige jüdische Frauen, die ihre Familien bei der Deportation verloren hatten, wurden darin befragt, wie sie ihr Leben als Ehefrauen, Mütter usw. bewältigten.

Meine erste Frau hatte sich für die Sendung gemeldet. Sie betonte im Fernsehen, daß für sie alles Vergangenheit sei, sie inzwischen eine glückliche Ehe führen würde und zwei hinreißende Töchter hätte, über die sie in der Folge noch viel sprach. An diesem Abend sah mein ältester Sohn zusammen mit uns fern. Sie hat kein Wort über ihn gesagt . . .

Am nächsten Tag hatte er seine erste Krise. Ich habe mich immer gefragt, ob da nicht ein Zusammenhang zwischen der Sendung und der Krankheit bestand, sie praktisch der auslösende Faktor gewesen ist. Natürlich war schon irgendwie die Grundlage da. Hör zu, ich habe absolut keine Lust, darüber zu sprechen!

Paulette, Charles' Ehefrau

Ja, ich habe in dieses Gespräch eingewilligt, aber ich fürchte mich davor ... Ich habe sogar sehr große Angst. Wärst du es nicht gewesen, hätte ich niemals zugesagt. Aber irgendwie habe ich in meinem Innersten die Hoffnung, daß es mir danach besser geht. Ich weiß nicht, warum ...

Ich meine nicht, daß ich dir etwas besonders Interessantes oder Aufschlußreiches berichten könnte, weißt du, mein Leben ist ganz banal verlaufen ... wie bei den anderen von uns auch ... Ich war einige Zeit versteckt, mein Vater ist deportiert worden und nicht zurückgekehrt, meine Mutter hat ihn, mir nichts, dir nichts, ersetzt. Aber ich habe ihn nicht gegen jemand anders auswechseln wollen. Das ist es. Ja, ich habe dir alles gesagt.

Ist da nicht noch etwas ...

Mein Bruder und ich, wir sind beide im Elsaß geboren, er 1935 und ich 1937.

Weißt du, was meine einzige Erinnerung an meinen Vater ist? Ich wollte nicht essen, meine Mutter zwang mich dazu, ich stürzte zu meinem Vater hin, als er nach Hause kam. Er war groß ... Ich preßte mich gegen seine Beine, er schützte mich mit seinen Armen ... Ich sehe noch immer die großen Beine meines Vaters vor mir.

Für meine Mutter hat immer nur mein Bruder gezählt, sie hat ihn vergöttert ... und tut es heute noch.

Ich merke, ich liefere dir lauter Sachen ohne Zusammenhang, ohne logischen Faden, das ist ja gräßlich. Ich hoffe, du kennst dich am Ende noch in dem Durcheinander aus. Mein Bruder und ich gingen ganz allein zur Schule, die weit entfernt war. Man hatte mich in der Vorklasse angenommen, zusammen mit ihm, glaube ich, oder ich war dort in einem Kindergarten ... Jedenfalls erinnere ich mich noch, wie eine Nachbarin zu meiner Mutter sagte: »Man läßt doch nicht zwei Kinder im Alter von vier und sechs allein zur Schule gehen, wenn sie dabei Straßen überqueren müssen.«

Ich vermute also, meine Mutter hatte es geschafft, irgendwo Arbeit zu finden. Mein Vater war nicht bei uns.

Später hat sie uns, also meinen Bruder und mich, bei Bauern untergebracht. Wir hatten gefälschte Ausweise ... Aber ich weiß nicht, ob wir sie benutzt haben oder nicht ... Es ist alles so im Nebel, derart im Nebel ...

Die Bauern zeigten sich uns gegenüber einigermaßen wohlwollend, jedenfalls nicht feindlich. Ich muß eineinhalb, vielleicht sogar zwei Jahre bei ihnen gewesen sein. Ich habe keine Erinnerung mehr daran ... Seltsam, denn als ich von ihnen wegging, war ich fast acht ...

Meine Mutter ist uns ein-, zweimal besuchen gekommen. Ich habe sie da die ganze Zeit mit Fragen bestürmt, wo Papa ist, warum er uns nicht besucht ... Meine Mutter fing auf einmal zu schluchzen an, gab mir aber keine Antwort. Ja, daran erinnere ich mich.

Das ist immer ihre Art gewesen, zu antworten ... also habe ich es nicht mehr gewagt, sie weiter zu fragen.

Nach der Befreiung war ich noch bei den Bauern, und ich wartete voller Ungeduld, daß meine Eltern mich holen kämen.

Ich habe damals einen Traum gehabt, den ich die ganzen Jahre über nicht vergessen habe: Ich verlor darin einen Zahn, dann einen zweiten. Ich weinte, war völlig fassungslos und hatte schreckliche Angst, daß mir alle Zähne ausgehen würden. Da kam mein Vater, nahm mich in die Arme und tröstete mich. Er hatte mir Bonbons mitgebracht und Kuchen ...

Am nächsten Tag habe ich tatsächlich einen Zahn verloren ... Und abends kam meine Mutter ... ohne Kuchen und Bonbons. Außerdem war sie nicht allein gekommen; der Bruder meines Vaters war bei ihr. Ich meine, ich hätte ihn vor dem Krieg nie gesehen, obwohl er nur etwa hundert Kilometer von uns entfernt wohnte.

Mama holte uns also von den Bauern fort, aber nur, um uns gleich darauf in ein jüdisches Kinderheim in Versailles zu stekken ... meinen Bruder, mich und den Sohn meines Onkels. Wir sind dort über ein Jahr geblieben. Ich bin dort glücklich gewesen, sehr glücklich sogar. Ich habe mich wohlgefühlt, war fröhlich, hatte Freunde. Alle Leute, die sich dort um uns kümmerten, verhätschelten uns und gaben uns das Gefühl, in einer Familie zu sein.

In Versailles erst ist mir klargeworden, daß ich Jüdin bin (ich habe nie den gelben Stern getragen), und es war auch da, wo ich allmählich begriffen habe, daß ich meinen Vater nie mehr wiedersehen würde. Alle Kinder in dem Heim waren in der gleichen Situation. Sie warteten auf die Rückkehr ihrer Eltern. Die Leiterin des Hauses versuchte mehrfach, das Thema anzuschneiden, aber ich glaube, das war meist vergeblich, weil keines der Kinder davon reden wollte. Ich lernte dort die jüdische Geschichte und das wenige Hebräisch, das ich noch beherrsche. Wir feierten alle Feste, sangen und tanzten. Ich bin sehr gläubig geworden ...

Dann sind meine Mutter und mein Onkel gekommen und haben uns ins Elsaß geholt. Mama hatte die alte Wohnung wieder. Es war jedoch kein Wort davon gefallen, daß mein Onkel mit uns zusammenleben würde. Wozu über solche Dinge sprechen ... man mußte sie einfach hinnehmen ...

Man hatte uns in der Schule angemeldet ... bei den Nonnen, stell dir das mal vor! Wir kamen frisch aus einem orthodoxen Haus, wo die Religion und die Traditionen mit Eifer und Begeisterung gepflegt wurden!

Die Schwestern haben uns vom Religionsunterricht dispensiert. Wir konnten morgens später zum Unterricht gehen. Die anderen Kinder verstanden nicht, warum wir diese Sonderrechte bekamen. Ich vermute, es ist ihnen überhaupt nicht erklärt worden. Jedenfalls mußte sich mein Cousin als »schmutziger Jude« beschimpfen lassen. Das also war die Rückkehr in die Heimat! Meine Mutter hat uns sofort woanders hingeschickt. Danach gab es keine Kränkungen mehr an der Schule ... aber zu Hause, in der Familie, dafür um so mehr.

Wir kamen ja aus einem sehr warmherzigen Milieu, hatten in dem Heim viel Zuneigung erfahren. Aber hier gab es nicht die geringste Zärtlichkeit und Liebe. Und die religiöse Seite wurde ebenfalls vernachlässigt.

Wenn meine Mutter von meinem Vater sprach – denn nun auf einmal erwähnte sie ihn bei jeder Gelegenheit –, machte sie aus ihm den intelligentesten und besten Mann, den es je gab. Sie gestaltete ihn regelrecht zu einer »heiligen Mumie«. Er war der »liebe Papa« geworden.

Je nach Laune geschah es schon, daß sie sagte: »Der liebe Papa würde es gern sehen, daß du dies oder jenes machst ...«

Ich weiß nicht, ob ich dir erzählt habe, wie ich vom Tod meines Vaters erfuhr. Ich glaube, es war genau zu dem Zeitpunkt, als wir von T. nach Versailles gebracht wurden. Meine Mutter hatte gerade offiziell vom Tod meines Vaters in Auschwitz erfahren.

Während einer Nervenkrise hat sie uns all ihr Leid mitgeteilt. Man hat ihr erzählt, daß man auf einer Mauer den Namen meines Vaters gefunden hat, zittrig mit seinem Blut geschrieben ... und jahrelang, bis einige Zeit nach der Geburt meines ältesten Sohns, glaube ich, habe ich immer denselben Alptraum gehabt: Ich sah meinen Vater, wie er sich mit blutigen Händen an einen Felsen klammerte, und ein Deutscher schlug auf ihn ein, damit er losließ.

Ich wachte immer in einem verheerenden Zustand auf ...

Mein Onkel hat mir dann erzählt, wie mein Vater verhaftet worden war. Es war zur Zeit des Abendessens. Mein Vater und meine Mutter setzten sich gerade zu Tisch. Da stürmte die Polizei in eine Nachbarwohnung, um Leute abzuholen, die denunziert worden waren. Sie hatten aber noch rechtzeitig fliehen können. Also machte man eine Hausdurchsuchung mit Ausweiskontrolle. Als die Polizisten bei uns an der Tür klopften, nahm meine Mutter ganz schnell ihre Papiere aus der Handtasche und warf sie in die Schüssel mit der kochend heißen Suppe.

Man hat beide mit auf die »Kommandantur« genommen. Meine Mutter behauptete, sie wüßte nicht, wo sie ihren Ausweis hingetan hatte. Sie erklärte, sie sei eine Freundin meines Vaters, nicht seine Frau. Mein Vater bestätigte ihre Aussagen. Er gab zu, daß er Jude war (er war übrigens beschnitten).

Meine Mutter und mein Vater verstanden sehr gut Deutsch. Sie hatten gehört, wie der Kommandant sagte: »Bei ihr weiß ich nicht so genau. Sie sieht nicht jüdisch aus.« Die Geschichte ist bestimmt langweilig für dich. Meine Mutter ist groß und blond, mit grünen Augen. Sie haben sie laufen lassen, ich weiß nicht, wie sie es geschafft hat.

Aber seit diesem Tag muß sie nach jeder Mahlzeit unaufhörlich brechen. Schließlich hat sie damals die Verbindung mit meinem Vater verleugnet. So etwas ist schwer zu schlucken ... Ich habe geheiratet, bin aus dem Elsaß fort und komme nur ungern dahin zurück ...

Einmal hat mein Onkel zu Hause bei einem besonders heftigen Streit losgeschrien: »Wenn ich daran denke, wie deine Mutter die Vergangenheit verklärt ... Du mußt wissen, deine Eltern haben sich nicht verstanden! Sie haben ständig miteinander gestritten ... so fürchterlich, wie wir es jetzt tun ...« Auch dieses Bild hat man mir noch zerstört ... Aber ich frage mich, ob ich es nicht schon selbst irgendwo gefühlt hatte. Ihr »der liebe Papa« hat mich immer aufgeregt, und diese Art, ihn zur »heiligen Mumie« hochzustilisieren, bedeutete für mich, ihm auch noch den Rest von Leben zu nehmen, den er für mich noch hatte.

Als mein ältester Sohn dieses Jahr seine Bar-Mizwah hatte, habe ich sehr viel an meinen Vater gedacht. Ich war sehr traurig ... Ich habe keinen Vater gehabt, und mein Sohn hat nicht einmal einen der beiden Großväter.

Charles, Paulettes Ehemann

Du hast so lange mit meiner Frau gesprochen ... Dabei hat sie sich so davor gefürchtet. Ich nicht. Außerdem geht das bei mir ganz schnell über die Bühne. Ich habe keine Erinnerungen mehr; jedenfalls weiß ich nicht, ob es meine eigenen sind oder ob sie mir nur erzählt wurden.

Weißt du, wenige Stunden nach der Geburt unseres ältesten Sohns haben meine Frau und ich über unsere Väter gesprochen. Ich weiß nicht mehr genau, warum, ich meine, es war, weil ich wollte, daß der Junge den Namen meines Vaters bekommt. Meine Frau hielt an dem Namen ihres Vaters fest. Zwei deportierte Großväter sind sehr viel für einen kleinen Enkel.

Wir waren seit fünf Jahren verheiratet und kannten uns seit sieben Jahren. An jenem Tag haben wir bitter spottend die Theorie entwickelt, daß sich die beiden Großväter in Auschwitz kennengelernt haben. Wer weiß?

Eine Gewißheit hatten wir: Sie sind beide dort gestorben.

Das war das einzige Mal, daß meine Frau und ich darüber gesprochen haben. Es hatte sich unerwartet so ergeben, und wir sind auch schnell wieder zu einem anderen Thema übergewechselt.

Mein Vater hat uns 1942 verlassen. Er ist in Drancy interniert gewesen, hat es aber, dank irgendwelcher Hilfe, geschafft, von dort zu fliehen.

Er war naturalisierter Franzose und hatte vor Drancy gemeint, er wäre sicher. Und danach hat er nach Möglichkeiten gesucht, seine Fabrik zu retten. Er wollte in keinem Fall, daß sie »okkupiert« wurde.[1]

Seine Fabrik hat er gerettet, aber er ist trotz seiner Beziehungen, trotz seines ganzen Zasters und seines Franzosentums deportiert worden. Er hat sich immer für intelligenter als alle anderen gehalten und wollte nie auf irgend jemand hören.

Er war ein merkwürdiges Individuum. Damals, als Kind, habe ich ihn gefürchtet und gleichzeitig zutiefst bewundert. Er ist ohne einen Pfennig in der Tasche aus Polen gekommen. Er hat sein Ingenieurstudium gemacht und sich gleichzeitig unter schweren Bedingungen seinen Lebensunterhalt verdient. Er hat

[1] Siehe Chronik: 26. April 1941

dann eine Entdeckung gemacht, wollte sie aber unbedingt selber weiterentwickeln und patentieren lassen.

Inzwischen lernte er meine Mutter kennen, die anscheinend genauso hilflos und allein wie er war (ihre gesamte Familie war noch in Warschau). Sie haben geheiratet und sind fast verhungert, weil das ganze bißchen Geld, das sie hatten, in seine berühmte Erfindung gesteckt wurde.

Und dann obendrein noch das Unglück, daß meine Mutter schwanger wird. Sie geht also nach Polen zu ihrer Mutter zurück, um das Kind dort zu bekommen – wo ich dann geboren wurde und bis zum Alter von vier Jahren blieb.

In der Zeit war es meinem Vater dann gelungen, seine Erfindung patentieren zu lassen ... Die Leute vertrauten ihm; die Fabrik war am Entstehen. Damit kam auch das Geld und Anerkennung. Er fing an, sich für ein kleines Genie zu halten. Aber als es darum ging, sein Leben zu retten, hat er sich nicht gerade auf der Höhe seiner Fähigkeiten gezeigt!

1936 bin ich mit meiner Großmutter aus Polen zurückgekehrt. Ich kannte meine Eltern nicht. Und ich lernte meine Schwester kennen, die 1934 geboren worden war. Mein Vater war mir gegenüber sehr kühl, sehr reserviert, ich verstand kein Französisch, ich ging ihm bald auf die Nerven, und ich hatte nur noch den Wunsch, mit meiner Großmutter nach Polen zurückzufahren, wo ich so glücklich gewesen war ... Er war in einen mondänen Strudel hereingezogen worden, verkehrte in der großen Gesellschaft. Ich interessierte ihn überhaupt nicht. Bei meiner Schwester war es anders. Sie war sehr schön, und das schmeichelte ihm.

Einmal habe ich ihn, ich weiß nicht mehr durch welche Dummheit, zur Weißglut gebracht. Er hat mich sehr brutal geschlagen, aber völlig überrascht damit innegehalten, als ich schrie: »Hör auf! Ich bin doch der Bruder von Monique!« Ich sehe diese Szene noch heute vor mir.

Und dann hat er einen anderen Blödsinn von mir als Vorwand genommen, um sich auf eine ihm gangbar erscheinende Art meiner zu entledigen: Er hat mich kurzerhand in ein Pensionat gesteckt. Ich war da sieben Jahre alt. Ich habe viel geweint. Meine Mutter hat es zugelassen! Meine Mutter hat meine Schwester auch den ganzen Krieg über bei sich gehabt, aber mich hat man zu den Patres in Pension gegeben. Gut, ich war dort nicht unglücklich, aber auch nicht glücklich.

Ich befolgte den katholischen Ritus, aber der Superior hatte mich darum gebeten, damit ich bei den anderen Schülern keinen Verdacht erweckte. Ich hatte falsche Papiere (ich habe diesen Ausweis bis heute aufgehoben). Eines Tages gab es einen Wettbewerb in Rechtschreibung. Ich war seit dem Alter von acht oder neun immer der Beste in Orthographie (eigentlich komisch für jemand, der mit vier Jahren nur Polnisch konnte). Und bei diesem verfluchten Wettbewerb habe ich mich verraten. Ich vertrat die Schule der Patres ... und schrieb meinen richtigen Namen auf das Blatt. Ich bin der Sieger des Départements geworden und kam in die lokale Presse!

Danach konnte ich nicht länger bei den Patres bleiben. Ich kam zu meiner Mutter zurück, die nicht wußte, wo sie mich hinstecken sollte, und mich deshalb, zusammen mit meiner Schwester, behielt.

Weißt du, alle haben mir wegen dieser Geschichte Vorwürfe gemacht, aber ich hatte es wirklich nicht absichtlich getan! Ich hatte sogar schreckliche Angst ausgestanden, als es mir eingefallen war, was ich da angestellt hatte. Stell dir vor, seit dieser Sache bekam ich immer kurz einen Anfall von Panik, wenn ich meinen Namen auf einen Prüfungsbogen schreiben mußte. Und das noch an der Uni! Dabei gab es nichts zu befürchten, falls ich den falschen Namen, also den von dem gefälschten Ausweis, hingeschrieben hätte. Außerdem habe ich ihn völlig vergessen!

Das war also der einzige Wettbewerb, in dem ich Erster geworden war und mein Name noch dazu in der Zeitung veröffentlicht wurde. Ich wollte den Artikel unbedingt meinem Vater schicken, damit er wenigstens einmal in seinem Leben stolz auf mich sein konnte. Aber er war schon deportiert. Ich stellte mir dabei vor, daß er in einem Gefängnis wäre, und verstand überhaupt nicht, warum mein Brief dort nicht ankam.

Seit diesem denkwürdigen Wettbewerb (ich verstehe gar nicht, warum ich dir soviel darüber erzähle, aber ich bin sicher, daß dies ein wichtiger Punkt für mich war ...) habe ich nur noch mit recht schwachen Leistungen geglänzt.

Du hast ja gehört, ich habe von der Seite meines Vaters nicht die geringste Zärtlichkeit und Zuneigung erfahren. Er hat mich während meiner ganzen Kindheit zurückgestoßen. Und trotzdem habe ich auf ihn gewartet, oh, wenn du wüßtest, wie ich auf seine Rückkehr gewartet habe!

Vielleicht habe ich darauf gewartet, daß er mir dann endlich das geben würde, was ich bisher entbehrt hatte, daß er ein guter Vater für mich sein würde und zurückkehrte, um mir zu sagen, daß jetzt zwischen uns alles gut werden würde. Denn ich habe ihn manchmal gehaßt, meinen Vater, aber ich habe ihn auch geliebt. Ja, ich habe meinen Vater geliebt. Doch er hat es so angestellt, daß ich ihm das nicht mehr sagen kann ...

Weißt du, meine Schwester leidet an Schizophrenie ... sie ist geistig und auch körperlich völlig verändert. Ihr hat der Vater sehr gefehlt. Besonders, er liebte sie ja auch ...

Ich habe ein sehr unstetes Leben geführt, war sehr schwankend in allem. Bis zur Geburt meiner Kinder, glaube ich.

Ich weiß nicht, was das ist, glücklich zu sein, ich habe es ja auch nie erfahren ... Ich bin sehr verschlossen, habe hin und wieder Wutausbrüche, aber die Leute halten mich für schüchtern, zurückhaltend und für einen sehr sanften Mann.

Ich habe noch immer Alpträume, aber inzwischen werden sie seltener. Mein Vater kehrt darin zurück. Er kommt aus einem dieser plombierten Züge, hat diesen gestreiften Anzug an, und der Kopf ist kahlrasiert (und das bei ihm, der stets so elegant war!). Er geht an mir vorbei, er erkennt mich nicht, er sucht mich, sieht mich nicht, denn ich habe mich geändert, bin gewachsen. Was soll ich tun? Ich rufe: »Papa! Papa!«, aber Hunderte von Kindern tun das gleiche. Da habe ich eine Idee und schreie: »Charles ruft seinen Vater M. G.!« Plötzlich wird es in dem Bahnhof entsetzlich still. Die SS stürzt sich auf meinen Vater, ich habe seinen Namen gesagt, das hätte ich nicht tun dürfen!

Als ich eine meiner Erfindungen patentieren ließ, mußte ich sehr viel an meinen Vater denken. Er hat mir etwas von seiner Begabung, seinen Fähigkeiten vererbt. Er lebt ein bißchen in mir weiter ...

Aber, weißt du, ich bin nur ein sehr blasses Abbild von ihm. Er war in den Augen aller ziemlich außergewöhnlich!

Ich merke, ich habe dir soviel von meinem Vater erzählt. Es ist das erste Mal, daß ich mit jemandem über ihn so ausführlich rede. Aber das war ja nicht das Thema deiner Arbeit. Von was soll ich dir denn berichten? Ich habe alles vergessen ...

Myriam

Ich bin in Paris geboren.

Meine erste Erinnerung ist die an einen heftigen Streit zwischen meinem Vater und meiner Mutter, und zwar in Toulouse, wohin wir geflohen waren. Meine Mutter warf meinem Vater vor, daß er zweimal am Tag in die Synagoge ging. »Das ist jetzt nicht die richtige Zeit dafür«, sagte sie, aber er war der Auffassung, gerade in solchen Zeiten müßte ein Jude beten ...

Meine Mutter hatte Angst. Es kam immer häufiger zu Razzien. Sie flehte meinen Vater an, er möge doch begreifen, daß wir nicht mehr in der Wohnung schlafen könnten, die registriert worden sei. Mein Vater wollte nichts davon hören. Trotzdem hatte es meine Mutter durchgesetzt, ein winziges Zimmer am anderen Ende der Stadt zu mieten, und sie hatte es auch geschafft, ihn dazu zu bewegen, mit uns zu kommen. Aber kaum war er in dem Zimmer, entdeckte er ein Kruzifix über dem Bett, und er ist, ohne ein Wort zu sagen, zurückgegangen.

Jeden Abend wiederholte sich dieselbe Szene. Mein Vater weigerte sich, fortzugehen, und meine Mutter brachte uns, meine kleine Schwester und mich, zu dem Unterschlupf. Wir mußten lange laufen, sehr lange, und auch sehr schnell. Meine Mutter trug meine kleine Schwester auf dem Arm. Das war alles sehr ermüdend. Ich hatte immer auf dem ganzen Weg schreckliche Angst. Meine ältere Schwester war zu der Zeit in einem Kurheim.

Einmal hat mich mein Vater gebeten, am Abend doch bei ihm zu bleiben. »Ich gebe dir auch eine ganze Tüte Bonbons«, versprach er. Also habe ich eingewilligt, aber als dann der Abend kam und meine Mutter sich anschickte, mit meiner kleinen Schwester wegzugehen, fing ich ganz bitterlich an zu weinen und zu zittern, wollte die Bonbons nicht mehr und hatte nur noch den Wunsch, mit ihnen mitzudürfen. Da erklärte mir mein Vater sehr ruhig: »Du hast es mir versprochen, also mußt du auch hierbleiben.« Für ihn bedeutete dieses Fortgehen und sich Verstecken, obwohl wir nicht unter falschem Namen lebten, das Judentum zu verleugnen. Überhaupt hat sich für uns diese Frage der gefälschten Ausweispapiere nie gestellt. Weder für meine Mutter noch für meinen Vater. Wir waren Juden, es war unser Schicksal, und wir mußten es annehmen!

Eines Abends hatte meine Mutter genug davon, sich mit meinem Vater auseinanderzusetzen und uns beide so weit durch die Stadt zu bringen. Sie ist also mit uns in der Wohnung geblieben. Gegen sechs Uhr in der Früh sind die Deutschen gekommen. Mein Vater war schon zur Synagoge unterwegs. Sie haben ihn unterwegs verhaftet; wir sind ihm wieder im Lager von Toulouse begegnet. Eine fürchterliche Szene: ein Deutscher schlägt auf meine Mutter ein, die sich nicht rührt, bis man uns mitzerrt. Ich habe nie mit ihr über diesen Vorfall reden können. Ich frage noch heute, warum er sich so verbissen auf sie gestürzt hat, als hätte er noch ganz persönliche Gründe dafür. . .

Im Lager von Toulouse herrschen Hunger und Angst.

August 1944 werden wir zur Deportation in den Zug verladen. Ungefähr auf halber Strecke trennt man uns. Die Männer auf die eine Seite, die Frauen und Kinder auf die andere. Mein Vater verabschiedet sich von uns . . . Die Szene . . . nein, sie ist für mich unerträglich.

Meine Mutter, meine kleine Schwester und ich kommen nach Buchenwald. Keine Erinnerung mehr. Doch, eine. Meine Mutter will mir meine Haare nicht abschneiden, die sehr lang sind, und sie verbringt Stunden damit, mir die Läuse abzusuchen. Aber das Lager ist in Auflösung begriffen, die SS ist schon abgezogen. Also steckt man uns wieder in einen plombierten Waggon und verfrachtet uns nach Bergen-Belsen. Diese Fahrt war ein Alptraum. Meine Mutter hatte noch ein paar Brotkrumen für die Reise einstecken können. Meine Schwester und ich haben uns wie wilde Tiere darum gestritten.

Bergen-Belsen . . . Eine Erinnerung: Meine kleine Schwester sah allerliebst aus, und meine Mutter schickte sie in die Küche, damit sie um ein bißchen mehr Suppe bettelte. Manchmal hatte sie Glück und kam mit ein paar Essensträgern zurück, die wir dann aufteilten.

Dann wurde meine Schwester krank. Also bat mich meine Mutter, an ihrer Stelle in die Küche zu gehen. Ich habe mich geweigert. Meine Mutter flehte mich an. Ohne Erfolg. Es war unmöglich für mich . . . Weißt du, ich begriff damals schon, ich war sechs Jahre alt . . . Ich versichere dir, ich habe alles voll mitbekommen, auch schon, als wir noch in Toulouse waren.

Unsere Chance, auch noch in Bergen-Belsen, war es, daß uns unsere Mutter ein Gefühl der Sicherheit vermittelte. Sie war der ruhende Pol. Sie sagte uns immer wieder, daß alles ein Ende haben würde und wir bald wieder nach Paris zurückkehren könnten. Ich glaube, ich habe damals gedacht, daß meine Mutter nichts begriffen hätte, sich der Situation überhaupt nicht bewußt wäre!

Als wir von der Deportation zurückkamen, hat meine Mutter sogleich meine ältere Schwester aus dem Kurheim geholt. Dann sind wir noch einige Zeit in Toulouse geblieben, und zwar in der alten Wohnung. Ich weiß nicht, warum.

Auf einmal mußte ich ganz schnell in ein Sanatorium. Ich bin dort anderthalb Jahre geblieben und daraufhin nach Paris zurückgekehrt.

Kaum konnte ich lesen, habe ich ständig nach Büchern verlangt, die das Thema der Deportation behandelten. Mich interessierte nur das. Ich glaube, ich hatte mit acht Jahren schon alles gelesen, was darüber nur irgendwie verfügbar war.

Um mich herum begriff niemand, warum ich das tat, und ich selber eigentlich auch nicht. Jedenfalls brachte das alle in Verlegenheit. Ich bedauere, daß ich in dieser Zeit noch so jung gewesen bin. Ich habe alles nur über mich ergehen lassen, weißt du, aber ich habe nie selber handeln können.

Ich war geschockt, als ich ›Treblinka‹[1] las. Der Autor sagt darin, daß sich die Juden wie eine Hammelherde haben abtransportieren lassen, folgsam und stupide ... Ich habe es nicht so empfunden, und ich meine, daß er sich geirrt hat. In Wirklichkeit haben wir eben nur unser Schicksal als Juden akzeptiert, das ist alles. Ich verstehe sogar sehr gut, daß meine Eltern es abgelehnt haben, unter einem falschen Namen zu leben, und sich auch nicht verstecken wollten.

Meine Mutter hat sich schwere Vorwürfe gemacht, daß sie jene Nacht in unserer Wohnung geblieben ist ...

Und was war mit deinem Vater?

Habe ich es dir noch nicht gesagt? Mein Vater ist nicht mehr von der Deportation zurückgekehrt. Der Abschied am Zug, die Trennung ... ja, sie waren endgültig! Meine Mutter hat vergeblich auf ihn gewartet. Ich wußte, er würde nicht mehr zurückkommen! Ich weiß auch nicht, »wieso« ich überhaupt zurück-

[1] In seinem Buch über das Konzentrationslager Treblinka (Polen) legt Jean-François Steiner dar, wie sich die Juden zu Anfang ohne Widerstand festnehmen ließen. In der Folge schildert er den Lageraufstand, der 1943 (2. August) stattfand und niedergeschlagen wurde.

Treblinka. Vorwort von Simone de Beauvoir. Paris 1966

gekommen bin. Es ist ein Zufall, daß ich noch am Leben bin. Das ist schwer zu ertragen. Meine Mutter war es, die mich gerettet hat. Ich habe Glück gehabt, man hat uns nie voneinander getrennt ... meine Mutter und mich.

Danach, bei unserer Rückkehr, war es sehr schwierig. Du mußt dir vorstellen, vier Frauen, sehr allein, sehr isoliert, im Grunde recht hilflos ... Seit der Rückkehr, oder wohl besser der »Nicht-Rückkehr«, war ich es, glaube ich, die meine Mutter stützte! Und seitdem ... hat sich nichts geändert. Das ist manchmal sehr hart ...

Ich hinkte offensichtlich in der Schule sehr hinterher. Aber ich war eine sehr fleißige Schülerin, so daß niemand meiner Mutter riet, eine Klasse zu wiederholen.

Wir gingen niemals aus. Es gab auch keine Gäste. Weißt du, eine alleinstehende Frau mit drei Töchtern kann das kaum. Wir lebten völlig abgekapselt. Außerdem fehlte es uns auch an Geld. Die Monatsenden ... oh, das war schrecklich ... Meine Mutter ... nein!

Abgesehen von meinen Töchtern gibt es in meinem Leben nichts Wichtiges. Wenn ich meine Kolleginnen sehe, wie sie sich aus Eifer und Begeisterung vorankämpfen, dann beneide ich sie. Aber mir liegt Wettstreit im übrigen nicht.

Ich praktiziere nicht und ich glaube nicht. Mein Mann hätte gern eine Frau gehabt, die religiös ist oder zumindest an den Traditionen festhält. Die jüdischen Feste sind für mich unerträglich. Meine Töchter kennen nur leider, und das hängt mit mir zusammen, nicht genug von der jüdischen Geschichte. Ich meine das jedenfalls. Vielleicht kann ich mich aber jetzt mehr mit dem Judaismus beschäftigen, denn ich habe nun einmal die Chance, Jüdin zu sein und von einem Reichtum profitieren zu können, der uns vererbt worden ist und mir unvergleichlich scheint! Tausende von Jahren ähnlicher Erfahrungen ...

Ich fühle mich nicht wohl in meiner Haut, besonders merke ich das, wenn ich in Gesellschaft bin. Ich erschrecke immer, wenn man sich an mich erinnert, sich an mich wendet. Denn ich habe das Gefühl, kaum zu zählen! Für mich wäre es undenkbar, einen Nichtjuden zu heiraten ... und ich hoffe, daß es für meine Töchter eines Tages genauso sein wird.

(Auf einmal sagt Myriam in fürchterlich gezwungenem Ton:) Das wäre doch sonst alles zu hart, oder? ... All das für nichts?

Ich habe nie zu fordern, nicht einmal zu bitten gewußt ... und wohl auch nie Lust dazu gehabt. Entweder gibt man mir freiwillig, oder ... Mit dem Leben, weißt du, ist es dasselbe!

Wir sind uns zum ersten Mal begegnet. Du hast es vorgezogen, an einem neutralen Ort, in einem Café, mit mir zu reden ... Als ich dich um dieses Gespräch bat, hast du eingewilligt, du hast nur hinzugefügt: Ach, ich habe nichts Besonderes zu berichten.

Das hast du doch selber gemerkt. Ich weiß nicht, ob ich dir bei deiner Untersuchung helfen konnte, aber vielleicht war es doch notwendig, daß ich einmal in meinem Leben über das alles gesprochen habe.

Dieses Kapitel hier mitten zwischen den Gesprächen mag ungewöhnlich erscheinen. Normalerweise sollte so etwas am Ende eines Buches stehen, sozusagen als Abschluß oder Nachwort.

Aber sprengt nicht das Thema hier sowieso schon den Rahmen alles »Normalen«? Außerdem will ich hier auch nicht versuchen, Schlüsse aus dem Gesagten zu ziehen, sondern dieses »Zwischenwort« lediglich dazu nutzen, den Akzent auf einige Fakten und Umstände zu legen, die dazu geführt haben, daß die Trennungen, das Wiedersehen und die Trauer diese ihnen ganz eigene Dimension angenommen haben.

Für die meisten der Kinder war es nicht nur eine Trennung, sondern mehrere, mit denen sie fertigwerden mußten, und noch dazu in einem Klima der Angst, ja, häufig der totalen Panik.

Für Madeleine und für Lazare ist die Trennung an die Bilder vom Lager von Pithiviers gekoppelt.

Sonia steigt aus dem Bus, und ihre Mutter ist nicht da. André will wissen, wo sein Vater steckt. Seine Mutter erklärt ihm nur, er sei im Gefängnis.

Raphaël will gerade zu seinen Eltern nach Hause, als ein Nachbar ihn aufhält und ihm sagt, sein Vater würde ihn bitten, auf einen Freund zu warten. Der Freund holt ihn ab ... von seinen Eltern keine Spur!

Am Morgen der Großrazzia haben Maurice, sein Bruder und seine Mutter Unterschlupf bei einer Tante gefunden. Der Vater, der zu ihnen stoßen sollte, kommt nicht. Beunruhigt gehen seine Mutter und sein Bruder zum Ende der Straße, um nach ihm Ausschau zu halten. Erst am Abend kehrt der Bruder zurück, und Maurice muß erfahren, daß seine Mutter verhaftet worden ist.

Samuels Vater geht eine Besorgung machen und kehrt nie wieder zurück. Zuvor haben sie sich auch noch gestritten ... Widerworte als Abschied!

Am Quai von Nizza nimmt die befreundete Schweizerin nur Hélène und ihre Schwester mit. Ihren kleinen Bruder lehnt sie ab, so daß es für ihn keine Rettung mehr gibt. Das Erlebnis war für sie so schmerzlich, daß sie es verdrängt hat.

Colette muß vom Versteck bei der Nachbarin aus beobachten, wie ihre Eltern und ihr Bruder von der französischen Polizei abgeführt werden.

Auf dem Transport ins Lager wird Myriam von ihrem Vater getrennt. Die Erinnerung an den Abschied ist für sie unerträglich.

Robert wird im Sammellager von seinen Eltern und Geschwistern getrennt; er hat als einziger eine grüne Karte, die ihn vor der Deportation in die Gaskammern bewahrt. Er möchte zu seiner Mutter laufen, um ihr auf Wiedersehen zu sagen. Aber man befiehlt ihm wegzugehen. Als er nicht gehorcht, wird er von einem Deutschen geschlagen. Sein Vater verfolgt hilflos die Szene und ruft, er solle nicht vergessen, daß er Jude ist, und es auch bleiben.

In den Gesprächen kehrt eine Klage immer wieder: »Ich habe ihm (ihr) nicht auf Wiedersehen gesagt!«

Und dann haben sich diese Kinder von heute auf morgen in ein Waisenhaus, ein Kloster, zu Nachbarn, zu Fremden, in ein völlig anderes Milieu verpflanzt gesehen. Zumeist kamen sie, die in Großstädten gelebt hatten, zu Bauern in abgelegenen Dörfern. Niemand kannte ihre wahre Identität. Die meisten von ihnen blieben ohne Nachricht von ihren Angehörigen, sahen ihre Eltern nicht und konnten nicht mit ihnen sprechen.

Und eine zusätzliche Angst plagte manche von ihnen, die ihre Unterkunft und gleichzeitig auch ihren Namen wechseln mußten, um unerkannt zu bleiben: Würden ihre Eltern sie nach dem Krieg überhaupt wiederfinden?

Diese Kinder führten meist ein sehr unsicheres Leben, und die Kontakte zu den neuen Familien bahnten sich nur schwer an. Eine Ausnahme: Joseph, der seine Pflegemutter von Anfang an verehrte und liebte.

Nach der Befreiung hofften die Kinder auf eine Rückkehr in das normale Leben. Alles würde wieder in Ordnung sein, die Eltern würden sie in die Arme schließen. Welch trügerische Hoffnung!

Hélène und Louise sind Gegenstand einer infamen Erpressung. Die Eltern kehren nicht mehr zurück. Ein Onkel in Portugal nimmt sie auf.

Sonia, Colette und Jean kommen zu Verwandten.

Raphaël wird von einem Onkel abgeholt, der ihn in ein von der Tante geleitetes Kinderheim in Moissac bringt. Dort findet er seine drei Jahre alte Schwester wieder.

Es gibt zahlreiche solcher Heime, in denen man die Kinder aufnimmt, die kein Zuhause mehr haben und darauf warten, daß ihre Eltern vielleicht doch noch zurückkehren.

Madeleine und Joseph wissen, daß ihre Mutter in Paris ist. Sie müssen warten, bis sie mit einem Kindertransport aus der Schweiz zurückgebracht werden. Und als sie dann endlich bei ihrer Mutter sind, gibt es Streit mit dem Onkel, der jetzt der Stiefvater ist.

Lazare ist mit seinem kleinen Bruder und seiner Mutter nach Paris zurückgekommen. Er muß mit sechzehn Jahren für den Lebensunterhalt der Familie sorgen und die Vaterrolle übernehmen, wo ihm doch selber der Vater so sehr fehlt.

Maurice hat seinen Vater in Paris wiedergefunden. Dann kommen seine beiden Schwestern zurück, anschließend sein Bruder, der im Widerstand tätig war, und auch der andere Bruder aus Buchenwald. Nach der Mutter wagt er nicht zu fragen. Eines Tages gibt es keine Hoffnung mehr ...

Die Mütter von André, Paul, Samuel, Paulette und vielen anderen stehen ohne Ehemänner da und sind völlig hilflos. Die Angst vor dem Morgen, die Ungewißheit, was mit dem deportierten Mann geschehen ist, der Umstand, ohne alles dazustehen, ohne Beruf, ohne Wohnung, ohne Geld, zwingt sie, ihre Kinder nach der Befreiung nicht zu sich zu nehmen. Und gerade diese zusätzliche Trennung ist von den Kindern besonders schlecht verkraftet worden, weil sie – da ihnen der Einblick fehlte – den Eindruck bekamen, sie seien ein Hindernis, eine Last, derer sich die Mutter entledigen wollte.

Auf vielerlei Ebenen kam es zu einem Bruch: im Milieu, in der Familie, in der Schule ... Zahllose Kinder mußten die Schule für ein bis zwei Jahre unterbrechen. Als sie dann zurückkehrten, waren sie mit ihren Kenntnissen beträchtlich im Rückstand und gleichzeitig wesentlich älter als ihre Mitschüler. Und wenn man weiß, welchen Wert jüdische Familien schon immer auf die Bildung gelegt haben, kann man ermessen, wie wertlos und gedemütigt sich solch ein Kind wieder fühlen mußte, da es nicht mehr dem Bild entsprach, an dem die Eltern, beziehungsweise der eine Elternteil, festhielten.

Die Wiederanpassung war mühsam, manchmal schier unmöglich, und ließ den Schmerz zurück, etwas, das zerbrochen war, nie wieder zusammensetzen zu können, und häufig auch das Gefühl, nur noch durch einen Irrtum zu leben.

Eine weitere schlimme Phase für die Kinder sind gleich nach der Rückkehr die regelmäßigen Besuche im Hotel Lutétia, der Anlaufstelle für die aus den Konzentrationslagern Befreiten.

Einige Kinder haben dort Stunden um Stunden gewartet, sind jeden Tag mit neuen Hoffnungen hingegangen, haben mit klopfendem Herzen Ausschau gehalten und sind abends enttäuscht und niedergeschlagen zurückgekehrt. Besonders schwer war es für sie, wenn sie miterleben mußten, wie andere Familien ihre Angehörigen in die Arme schließen konnten. Sie sind von einem Heimkehrer zum anderen gelaufen, haben Bilder ihrer Väter, Mütter, Schwestern, Brüder, Onkel, Tanten und anderer Verwandte geschwenkt. Und manch einer glaubte für einen trügerischen Augenblick lang, ein geliebtes Gesicht wiederzuerkennen, oder weigerte sich hartnäckig, die Realität anzunehmen.

Diejenigen unter ihnen, denen sich die Chance bot, wieder nach Hause zu können, fanden sich meist veränderten Bedingungen gegenüber. Ein Elternteil fehlte, und der andere zeigte sich abweisend, brachte nicht mehr die Kraft für eine liebevolle Zuwendung auf. Man vermied es beharrlich, von denen zu sprechen, die nicht mehr da waren, und nahm jemand anders einen leeren Platz ein, war es für das Kind eine Tatsache, die es zu akzeptieren galt und über die ebenfalls kein Wort verloren wurde.

Nichts wurde ausgesprochen, nichts erklärt. Die Kinder erfuhren im Schoß dieser buchstäblich entwurzelten Familien nur noch Verwirrung, Chaos.

Eine Mutter heiratet ihren Schwager, wohl aus traditionellen Motiven, aber bestimmt unterschwellig auch, um die Familienbande wieder fester zu knüpfen. Die Situation stellt sich für das Kind als unerträglich heraus.

Oder es ist nur ein Onkel oder eine Tante da, die sich um die Kinder kümmert. Verkehrte Welt für solche kleinen Wesen, die nur eine dunkle Ahnung davon haben, warum ihre Eltern nicht mehr bei ihnen sind.

Alles, was vorher logisch erschien, ist es auf einmal nicht mehr. Worte gehen ins Leere, Gefühle werden nicht erwidert, ja, kommen wohl gar nicht erst an.

Motivationen sind nicht mehr die gleichen, die Werte haben sich geändert, die Worte haben ihre ursprüngliche Bedeutung verloren, alles mußte anders gesehen, neu gedacht und neu phantasiert werden. Der Tod und das Leben hatten jetzt einen anderen Stellenwert, einen anderen Sinn, und man mußte damit fertig werden, daß man zu den Überlebenden zählte, und akzeptieren, was alles dazugehörte.

Der Deportation entgangen oder aus dem Konzentrationslager zurückgekehrt zu sein, ohne Vater oder ohne Mutter dazustehen, während andere überhaupt niemand mehr haben; sich als einziger Überlebender einer großen Familie wiederzufinden und mit dem Schuldgefühl, daß man eigentlich gar kein Recht mehr auf Leben hat, dazustehen ... Robert drückt es so aus: »Ich bin zu dem Bauernhof zurückgekehrt, wo wir alle zusammen gelebt haben. Ein Verbrecher kehrt immer an den Ort seiner Tat zurück ...«

Es erscheint mir wichtig zu unterscheiden, daß in drei der Gespräche mehr oder weniger versteckt von einer Schizophrenie in der Familie die Rede war. Das bestätigt die Statistiken, die von der medizinisch-psychologischen Abteilung der Universität von Sceaux aufgestellt wurden. In einem Untersuchungszeitraum von acht Jahren zeigten sich bei jüdischen Studenten doppelt so viele Geisteskrankheiten wie bei den nichtjüdischen.

In seinem autobiographischen Buch ›Le Refuge et la Source‹, Paris 1977, schreibt Jean Daniel: »Ich habe ohne Schwierigkeiten mein Judentum annehmen können, da ich nie miterlebt habe, wie meine Eltern gedemütigt wurden.«

Wie anders war es jedoch für die Kinder, die die Kriegsjahre mit den Verfolgungen erfahren haben. In dem Alter, als bei den meisten die Trennung von den Eltern, von der Familie stattfand, war gerade der Prozeß der Identifikation und der Hinwendung nach außen im Gange, der in einem Milieu, das das Erbe des Kindes leugnet, schwer gestört ist. Es hat erlebt, wie seine Eltern terrorisiert wurden, sich verstecken, den Namen ablegen, sich praktisch »auflösen« mußten. Was für eine Verunsicherung hat das zur Folge! Das elterliche Bild ist wertlos geworden, und das Kind fühlt, daß sein eigenes Bild davon betroffen ist.

Dann kommen noch die Fotos der Deportierten in ihren »clownartigen« Anzügen hinzu, in diesen gestreiften Pyjamas, die Schädel kahlrasiert, die Augen voller Angst und Schrecken, gebrochene Gestalten bar jeder menschlichen Würde! Wie sollen die Kinder diese Bilder verarbeiten, ohne Schaden zu nehmen? Sie schämen sich dieser Eltern, verdrängen sie, und verdrängen dabei einen wichtigen Teil ihrer selbst.

Alle Dokumente aus der Zeit zeugen von körperlichen und

seelischen Torturen, die aus den Verfolgten, aus den in den Lagern Inhaftierten, menschliche Wracks machten, sie, ständigen Demütigungen unterworfen, zu Objekten degradierte, der Lächerlichkeit, dem Sarkasmus, dem Sadismus ausgesetzt, Marionetten für einen befohlenen Wahnsinn, Menschenmaterial, das nur noch einen gewissen Wert hatte, wenn es um die industrielle Verwertbarkeit ging. Sie erlitten die erniedrigendsten Situationen, schleppten sich matt unter Peitschenhieben dahin und hatten nicht mehr die Kraft, sich gegen diese unwürdigen Zustände aufzulehnen, um ihr Leben zu kämpfen. Wie soll ein Kind, ein Heranwachsender mit solch einem Bild von den Eltern leben? Es muß ständig um ein »würdiges« Andenken ringen, und das auch noch, wo der Identifikationsprozeß unterbrochen, gestört war, wo das kulturelle und affektive Erbe nicht mehr vermittelt werden konnte und der Umstand, Jude zu sein, ständige Lebensgefahr bedeutete.

Vielen war zuerst nicht bewußt, unter welchen Bedingungen ihre Eltern, Geschwister, Verwandten umgekommen sind. Doch die früh erfahrenen Demütigungen, der Vater, der sich wie ein »Vieh« in die Hände der »Schlächter« begibt, ein anderer, der ergeben die Situation erträgt, nicht aufbegehrt, nicht flieht ... sind das nicht schon neben den Erlebnissen der Trennung, der auferlegten Selbstverleugnung, Eindrücke, die tiefe Narben hinterlassen? Einige haben nach dem Krieg den Drang verspürt, sich mit dem Material über die Verfolgungen und die Konzentrationslager auseinanderzusetzen, andere haben wiederum absichtlich jegliche Erinnerung an die Vergangenheit weggeschoben und etwas zu kitten versucht, das an sich nicht mehr zu kitten war. Und sie haben in ihrem Innersten natürlich diesen unabänderlichen Bruch gespürt.

Sie alle haben sich irgendwann die Frage gestellt: »Wo ist er, wo ist sie gestorben?« In einem verplombten Waggon auf dem Transport ins Todeslager? Im Konzentrationslager selber? Ist er bei seiner Ankunft »selektiert« worden? Ist sie an Erschöpfung, an Kälte, Hunger, Schlägen oder erst in den Gaskammern umgekommen?

Wie versuchte Samuel das Problem für sich zu lösen: »Ich habe immer gesagt, mein Vater sei von den Deutschen erschossen worden.« Dieser Tod erscheint ihm würdiger als der in den Gaskammern und Verbrennungsöfen.

Für André ist der Tod seines Vaters etwas nicht Greifbares.

Die Berichte über die Krematorien verwirren ihn. »Verbrennungsöfen, was ist das? Ist er wie Jeanne d'Arc auf dem Scheiterhaufen verbrannt?« Auch hier soll die Assoziation mit der Heiligen wenigstens ein bißchen über den Tod hinweghelfen.

Und Joseph drückt seine Verzweiflung so aus: »Es ist schon schlimm genug, wenn dein Vater ganz normal stirbt. Aber so, das ist etwas ganz anderes!«

Die Trauer der jüdischen Kinder, deren Eltern durch die Verfolgungen ums Leben kamen, ist überhaupt nicht mit dem schmerzlichen Erleben der Kinder zu vergleichen, deren Eltern durch Krankheit oder Unfall, einen Krieg, einen Bombenangriff oder eine Naturkatastrophe ums Leben gekommen sind, alles, was man heutzutage unter »Schicksalsschlag« einreihen würde.

Die jüdischen Kinder haben nie vergessen können, daß es das ausgemachte Ziel von Auschwitz und anderen Lagern war, das gesamte jüdische Volk auszurotten, was ihre eigene Vernichtung miteinschloß. Darum gelang es ihnen auch nicht, ihre Toten zu begraben. Die Erinnerung verwehrt es: gezwungen, sich das eigene Grab zu schaufeln, in Gaskammern gesteckt und dann in Verbrennungsöfen verheizt ... Es gibt kein einziges annehmbares, menschenwürdiges Bild, an das sich diese Kinder halten können, um ihre Eltern mit Stolz zu betrauern und ihr ehrenvolles Andenken zu bewahren.

Sie sind Waisen, aber zusätzlich noch tief verletzte Wesen, in ihrem Innersten für immer wund, durch eine schreckliche Trauer voller Schmach.

Es ist nicht schwer, die Ausmaße der Verwirrung und das Gefühl der Verlassenheit zu begreifen, dem solch ein Waisenkind ausgesetzt ist, wenn es erfährt, daß der Tod der Eltern beschlossen worden ist, nüchtern und gefühllos von solchen bis ins letzte durchorganisiert, die sich »Menschen« nennen. Die amerikanische Psychiatrie beschreibt eine solche Tragödie mit dem Begriff: a man-made disaster.

Warum gab es auf der ganzen Welt nur so wenige, die den Verzweiflungsschrei, den Todesschrei der Juden gehört haben und sich dagegen auflehnten, dagegen ankämpften, daß ein ganzes Volk ausgelöscht werden sollte? Warum weigerten sich die meisten, zu sehen, zu hören, was wirklich geschah? Warum haben sie diese Menschen im Stich gelassen, absichtlich und aus Gleichgültigkeit?

Ja, warum? Warum nur? Alles nur aus der Geschichte erklären? An was kann man sich da halten? Wenn Menschen das einmal zugelassen haben, warum dann nicht auch ein zweites Mal?

Und all die Fragen nach dem Warum, sind sie nicht eigentlich viel weniger die Suche nach der wahren Ursache als ein Schrei verzweifelter Menschen, die man vergessen wollte und die es bis heute nicht begreifen, daß die Welt sich allen ihren Rufen verschlossen hat.

Und in Wahrheit ist es noch mehr als ein Schrei; es ist ein schmerzliches Aufbegehren, wütende Empörung und ein angstvolles, mahnendes Rufen aus einer schrecklichen Erfahrung heraus, die nicht vergessen werden kann ...

Nein, ich will keine Schlüsse ziehen. Ich halte es für besser, wenn jeder für sich selber nachdenkt. Doch dazu noch ein paar Anmerkungen:

Weniger als fünfunddreißig Jahre danach tauchen wieder Hakenkreuze auf; eine Bombe explodiert in einem jüdischen Restaurant im Universitätsviertel; in der medizinischen Fakultät in Paris bekundet ein Professor offen im Hörsaal seine Sympathie für die Nazis; Synagogen und jüdische Friedhöfe werden immer wieder geschändet; die Fernsehserie ›Holocaust‹ rief neben bloßer Rührseligkeit deutlich antisemitische Gefühle hervor; in einem Pariser Gymnasium flüchten sich malträtierte jüdische Kinder hilfesuchend zu ihrer Lehrerin und rufen: »Madame, wir haben Angst ...«[1]

Und somit verliert das Wort »Ende« alle Bedeutung.

[1] Le Monde, 18. April 1979, S. 15

Meine Erinnerung an jene Zeit ... Das ist schwierig, alles ist nur so verschwommen, gar nicht richtig greifbar, obwohl ich damals schon an die acht war.

Wir wohnten in einer mehr als bescheidenen Wohnung im XXème Arrondissement, und eines der Zimmer war mit der Nähmaschine und all den Stoffen vollgepackt, die mein Vater brauchte. Er arbeitete als Schneider, hatte aber kein eigenes Geschäft, sondern nähte alles zu Hause. Meine Mutter half ihm mit der Hand beim Versäubern. Man hatte mir auf meinen Schulkittel den Stern genäht, einen großen gelben Fleck auf dem schwarzen Stoff. Der Stern kam wunderbar zur Geltung. Ich habe ihn auch nie als etwas Demütigendes empfunden, eher als eine Art Auszeichnung, die ich als einziger in meiner Klasse tragen konnte.

Die Kinder in meiner Schule haben mich nie als »dreckigen Juden« bezeichnet. Ich habe das Glück gehabt, nie mit diesem Problem konfrontiert worden zu sein. Vielleicht lag es daran, daß ich in jener Zeit Klassenbester war.

Mein ältester Bruder war 1941 einundzwanzig Jahre alt. Er war Laufjunge bei einem Fotografen. Eines Morgens ist er in eine Razzia geraten, bei der die Personalien überprüft wurden. Man hat ihn eine Stunde später wieder freigelassen. Also hat er weder seinem Chef noch den Eltern etwas davon erzählt, sondern ist gleich wieder auf sein Fahrrad gestiegen. Zwei Stunden später ist er in die nächste Razzia gekommen und nicht mehr freigelassen worden.

Im März 1941 hat man ihn nach Drancy gebracht, dann nach Buchenwald deportiert und schließlich noch in ein anderes Lager, dessen Namen ich nicht mehr weiß ...

Wir waren nur noch drei Kinder bei meinen Eltern, denn meine eine Schwester, sie war krank, ist damals in eine entsprechende Einrichtung geschickt worden. Am Morgen der Großrazzia im Juli 1942 sind zwei Polizisten früh morgens bei uns erschienen und haben uns gesagt, daß sie uns eine Stunde später abholen würden.

Hals über Kopf sind meine Mutter, mein Bruder, meine Schwester und ich zu einer Tante losgezogen, die etwa vierhundert Meter von uns entfernt wohnte. Sie fiel nicht unter dieses neue Gesetz, weil ihr Mann Kriegsgefangener war.

Mein Vater ist nur zur »Familistère« hinuntergegangen, einem kleinen Kolonialwarenladen gleich unter unserer Wohnung. Warum gerade dahin? Das habe ich mich auch gefragt. Vielleicht hielt er es für besser, wenn sich die Familie erst einmal auf verschiedene Orte verteilte. Auf jeden Fall wollte er sobald wie möglich zu uns bei unserer Tante stoßen.

Gut eine Stunde später war er noch nicht da. Meine Mutter beunruhigte sich doch sehr und beschloß auf der Stelle, loszugehen und nachzusehen, was passiert sei. Damit sie niemand erkannte, lieh sie sich einen Mantel und einen Schal von dieser Tante. Von meinem Bruder begleitet, eilte sie in Richtung auf unser Haus und benutzte dabei den Bürgersteig direkt auf der Seite. Dabei wurde sie von unserer Concierge entdeckt. Die Polizisten kamen gerade bei uns aus dem Haus gestürmt, und sie zeigte auf meine Mutter und meinen Bruder. Beide sind sofort weggerannt, haben versucht zu fliehen. Mein Bruder war zwanzig und hat es geschafft, ihnen zu entkommen. Meine Mutter nicht.

Am Abend sind dann mein Vater und mein Bruder, jeder aus einer anderen Ecke, zu uns gestoßen. Ich glaube, es war mein Bruder, ja, sicher, wer sonst, der uns erzählt hat, was mit meiner Mutter geschehen war.

Ich meine, ich habe es noch am selben Abend erfahren; obwohl ich mich nicht mehr richtig erinnern kann. Ich weiß nur noch ganz genau, daß ich in dem Augenblick nicht geweint habe. Ich habe erst später geweint, nach dem Abendessen, und da nur wegen einer blödsinnigen Spinatgeschichte; ich mochte das Zeug damals nicht.

In der Vorstadt hat mein Vater eine Familie gefunden, die bereit war, ihm Unterschlupf zu geben . . . und eine weitere, die sich um mich kümmern wollte.

Meine beiden Schwestern haben sich in irgendeiner Institution versteckt, und mein Bruder hat sich dem Widerstand angeschlossen.

Mein Vater mußte zusehen, wie er irgendwie an Geld kam, daß die beiden Familien und diese Institution, bei der meine Schwestern steckten, bezahlt werden konnten. Aber er durfte ja nicht mehr arbeiten. Dieselben Leute, die ihn bei sich verbargen, richteten es also ein, daß sie zweimal die Woche nach Paris in ein Konfektionshaus fuhren. Sie holten von dort Aufträge für meinen Vater und brachten die fertige Ware wieder hin.

In meiner neuen Familie trug ich den Stern nicht mehr. Nur

sie wußten, daß ich Jude war. Meinen Namen konnte ich jedoch behalten, da er kein bißchen jüdisch klang.

Ich ging in die Volksschule und hatte Spielgefährten. Und ich konnte, das war besonders wichtig, meinen Vater zweimal in der Woche sehen.

Weißt du, wenn ich mich so mit den anderen Kindern vergleiche, habe ich unerhörtes Glück gehabt. Ich stand nicht unter dieser Angst, weil mein Vater nicht weit weg war.

Natürlich, ich hörte nichts von meiner Mutter und auch nichts von meinem ältesten Bruder, aber da ich nichts von den Deportationen wußte, wartete ich auf ihre Rückkehr. Ich glaube nicht, daß ich meinem Vater in dieser Richtung Fragen gestellt habe. Ich war mir ja sicher, er würde es mir schon sagen, wenn er etwas von ihnen erfuhr . . .

1943 bekam es die Familie, bei der ich war, mit der Angst zu tun. Ich mußte also woanders hin. Das Verrückte daran war, daß ich zu glühenden Anhängern von Marschall Pétain kam. Sie akzeptierten es, ein jüdisches Kind bei sich aufzunehmen und waren bereit, all die Risiken, die damit verbunden waren, zu tragen, denn sogar die Pétainisten waren im allgemeinen dagegen, daß man jüdische Kinder verhaftete.

Doch ich habe mich bei ihnen nicht wohlgefühlt. Die Situation war eben zu seltsam.

Gleich nach der Befreiung sind mein Vater und ich nach Paris zurückgekehrt. Wir haben unsere Wohnung nicht wieder für uns beanspruchen können. Wir haben dann eine andere im selben Haus, im Stockwerk darunter, bekommen und auf die anderen gewartet.

Mein Bruder ist aus dem Widerstand zurückgekehrt und meine beiden Schwestern aus dieser Institution. Dann ist mein ältester Bruder im April 1945 aus dem Konzentrationslager gekommen. Ich war nicht mit im Hotel Lutétia, als er dort eintraf.

Nach und nach haben wir, ohne je darüber zu sprechen, was mit meiner Mutter war, die Hoffnung auf ihre Rückkehr aufgegeben. Das Warten war vorbei.

Meine Brüder und meine Schwestern haben sehr bald geheiratet, und ich bin mit meinem Vater allein geblieben.

Weißt du, ich bin weiter der Überzeugung, daß die Ereignisse, die wir als Kinder erlebt haben, sich heute oder morgen wiederholen können. Für mich ist im Leben weiterhin alles unsicher, und ich habe das Gefühl, daß sich die ›Menschliche Komödie‹ eigentlich täglich abspielt.

Zum Glück muß ich in mir eine Art Abwehrsystem haben, das sich als unfehlbar erweist. Weißt du, als ich im Fernsehen das Lager in Auschwitz gesehen habe, diese Duschen, wo meine Mutter wahrscheinlich vergast worden ist, haben sich diese Bilder nicht festgesetzt. Nein, das haben sie nicht . . .

Wir kennen uns seit über zehn Jahren.

Es gab eine Zeit, wo wir uns sehr häufig gesehen haben.

Seine Frau war es, die mir eines Tages sagte: »Vielleicht ist er bereit, mit dir darüber zu reden.«

Ich wäre nicht darauf gekommen, ihn um ein Gespräch zu bitten, denn er hatte nie etwas davon erwähnt, daß man seine Mutter umgebracht hatte, als er noch ein Kind war!

Ende 1941 waren mein Vater, meine Mutter und ich noch in Paris. Ich trug den Stern. Ich erinnere mich noch, ich saß neben meiner Mutter, als sie den gelben Stern auf meinen Mantel nähte. Sie sang dabei und sagte mir: »Was für ein Glück du doch hast, mein Sohn! Weißt du, daß nur wenige Kinder diesen Stern tragen dürfen?«

In jeder Pause stürzten sich die anderen Kinder auf mich, und die Lehrer sahen zu, ohne einzugreifen. Ich kam immer übel zugerichtet nach Hause (ich war schmächtig und konnte nichts gegen die anderen ausrichten), aber ich habe dann einen Freund gewonnen, einen wahren. Nach dem Krieg habe ich ihn wiedergefunden. Er hat mich verteidigt. Er vertrug diese Veranstaltungen »alle gegen einen«, wie er sie nannte, nicht. Dabei war er damals erst acht Jahre alt.

Weißt du, ein Kind setzt sich für dich ein, verteidigt dich, während die Erwachsenen mit verschränkten Armen untätig dastehen. Das prägt!

Ich hatte das Gefühl, ich schlug mich für eine gerechte Sache. Den Worten meiner Mutter zufolge war ich doch in gewisser Weise auserwählt. Nur hat man mich nie gefragt, ob ich auserwählt werden wollte . . . ich mußte es einfach hinnehmen, daß ich es war!

Meine Mutter war schwanger. Die Razzien nahmen ständig zu. Mein Vater gehörte zu einer der ersten Widerstandsgruppen in Paris. Er hat uns mit Hilfe der Eisenbahner, die den Widerstand unterstützten[1], aus der besetzten Zone herausgeschafft. Man hat uns im Bauch einer Lokomotive versteckt. So kamen wir über die Demarkationslinie. Es war eine entsetzliche Fahrt.

Man bekam nur schlecht Luft, überall sprühten Funken um uns herum, und man hatte uns gesagt: »Und sollten die Deutschen euch entdecken, dann stellt euch tot!« Welch makabre Bedeutung bei den damaligen Umständen!

[1] Seit dem Beginn des Krieges hatten die Eisenbahner Initiativen zum Widerstand ergriffen. Sie organisierten nicht nur Sabotageaktionen, sondern halfen Verfolgten bei der Flucht, schmuggelten zahlreiche Menschen in die freie Zone und leiteten die Post der Deportierten weiter, die diese aus den Waggons geworfen hatten.

Nun, die Deutschen sind tatsächlich gekommen. Ich konnte ihre Stiefel durch den winzigen Schlitz sehen, über den wir mit Luft versorgt wurden. Meine Mutter fing ganz fürchterlich zu schwitzen an. Ich hatte große Angst, besonders um sie. Sie mußte in diesem winzigen Versteck durchhalten!

Endlich holten uns die Eisenbahner dort heraus. Wir waren in Moissac. Hier hatten sich an die vierhundert junge Juden ohne Eltern zusammengefunden.[1] Das Haus war eine sichere Zuflucht. Die Schwester meines Vaters leitete es. Dort wurden jüdische Feste gefeiert, man konnte Pfadfinder sein, das Leben nahm seinen normalen Gang.

Und dann wurde es plötzlich gefährlich für uns. Das Haus mußte von heute auf morgen aufgelöst werden. All die Kinder und Jugendlichen wurden rasch bei Bauern und im Untergrund untergebracht.

Mein Vater arbeitete jetzt bei den Widerstandskämpfern der Gegend. Er kam von Zeit zu Zeit zu uns und steckte irgendwelche Papierstücke in den Lenker meines Fahrrads, die ich mir ja nicht ansehen sollte. »Beim Ehrenwort eines Pfadfinders«, wie er so schön sagte. Ich habe wirklich nie nachgeschaut, was es genau war, ich hatte nur immer Angst, wenn ich das Fahrrad nahm.

Eines Tages, ich kam gerade mit dem Fahrrad zurück, hielt mich ein Nachbar an und erklärte mir: »Dein Vater hat gesagt, du sollst nicht nach Hause gehen. Du mußt hier auf einen Freund deines Vaters warten.«

Wir setzten uns zum Warten an die Böschung und spielten Karten. Der Freund kam schließlich und nahm mich mit zu einem Ort, der sehr weit von Moissac weg war. Ich habe nicht gefragt, warum und wo denn meine Eltern und meine kleine Schwester (sie ist in Moissac geboren worden) hingegangen wären. Ich bin bis zur Befreiung bei ihm geblieben.

Dann hat mich ein Onkel geholt, und ich bin nach Moissac zurückgekehrt. Weißt du, diese »Bastion von Moissac«, das war schon was Besonderes! Wenn du zum Beispiel das Buch ›La

[1] Seit Juni 1940 hatten die jüdischen Widerstandskämpfer, die Éclaireurs Israélites, Moissac (Tarn-et-Garonne) als eines ihrer Evakuierungszentren ausgewählt. Sie gründeten hier Agrar-Gruppen, Schreiner-Werkstätten, Schmieden und Schneider-Ateliers. Darquier de Pellepoix, der Kommissar für Judenfragen, löste diese Organisation im Januar 1943 (ebenso wie die U. G. I. F.) auf. Im August 1943 stießen die Éclaireurs dann zur Organisation Juive de Combat (jüdische Kampforganisation) innerhalb der Widerstandsbewegung von Tarn.

Résistance juive[1] liest, dann erfährst du, was Moissac dargestellt hat.

Mein Vater und meine Mutter waren an jenem Tag von den Deutschen verhaftet worden. Als die Deutschen plötzlich auftauchten, hat mein Vater noch versucht, aus dem Fenster zu entkommen, aber er ist verwundet worden. Er gehörte ja zur Résistance; meine Mutter übrigens auch. Sie hat im letzten Moment noch die Liste mit den Namen der Widerstandskämpfer vernichtet und dadurch viele Leben gerettet. Sie hat es mit dem eigenen Leben bezahlt, denn sie ist in Auschwitz ermordet worden.

Meine Eltern waren im selben Transport. In dem Zug, der sie nach Auschwitz brachte, hat meine Mutter sehr gefroren. Mein Vater hat ihr seine pelzgefütterte Lederjacke umgehängt, und sie hat ihm ihr Tuch um den Kopf geschlungen. Gleich bei der Ankunft ist sie selektiert worden. Sie war erst siebenunddreißig Jahre alt, aber so eingemummt, schien sie viel älter.

Sie hat im Nachhinein das Kriegsverdienstkreuz bekommen. Ich bin sehr stolz auf sie, aber ich hätte es lieber, sie wäre noch am Leben.

Mein Vater kehrte allein aus Auschwitz zurück. Er machte den Mund nicht auf, er lachte nicht mehr, er sprach mit niemand. Ich habe mich vor ihm gefürchtet. Ich erkannte ihn nicht mehr wieder!

Meine Schwester war drei Jahre alt, als mein Vater mit uns beiden nach Paris zurückgekehrt ist.

Weißt du, die schwierigste Zeit in meinem Leben war die nach der Rückkehr meines Vaters ... und der Nicht-Rückkehr meiner Mutter ... Oh, das war sehr hart!

Mein Vater wurde nachts, von Alpträumen geschüttelt, wach. Er schrie und weinte, war schweißgebadet. Ich setzte mich dann zu ihm ans Bett, wischte ihm das Gesicht ab, redete mit ihm, versuchte, ihn zu beruhigen ... Ich hatte dabei selber Angst ...

Als ich erfahren habe, daß man ihn gezwungen hat, in der Gruppe des berüchtigten Dr. Mengele[2] mitzumachen, habe ich sein Schreien verstanden. Inzwischen kommt es seltener vor.

[1] Anny Latour: La Résistance juive 1940–1944. Paris 1970; siehe auch Chronik: Sommer 1942

[2] Leitender Lager-Arzt von Auschwitz von Mai 1943 bis zum Ende. Von den Inhaftierten mit dem Beinamen »Todesengel« versehen, »selektierte« er die Deportierten gleich nach der Ankunft im Lager. Diejenigen, die nicht mehr zu

Er hat nie wieder gelacht, hat nie wieder ein nettes Wort für mich übrig gehabt. Er hat es bestimmt als schlimme Last empfunden, uns, also meine Schwester und mich, großziehen zu müssen.

Er hat auch nie eine andere Frau mit nach Hause bringen wollen.

Die Mahlzeiten waren eine Katastrophe. Er verschanzte sich hinter seiner Zeitung, kein Wort fiel, und das über all die Jahre ... bis heute ...

Meine Schwester lebt nicht mehr bei uns ... Sie ist schon lange krank ... Schizophrenie.

Verstehst du, ich habe meine Mutter bis zum Alter von neun Jahren haben können. Aber sie, sie hat ja nicht einmal eine Erinnerung. Ich habe bei ihr praktisch Vater- und Mutterstelle vertreten, bis sie siebzehn war. Oh, es kam mich schon hart an. Und all das mit dem Ergebnis! Es ist wirklich zu schlimm!

Ich hatte das Gefühl, daß ich zuviel war. Wie soll ich es dir erklären? Mein Vater nahm es mir übel, daß ich noch existierte. Jedenfalls habe ich das so empfunden. Also habe ich alles versucht, damit er mich akzeptierte. Das geschah ganz unbewußt. Ich habe erst viel später begriffen, was sich da tat.

Weißt du, wenn man mich vor die Wahl gestellt hätte, glaube ich, daß ich das Leben meines Vaters, mit der Deportation und allem, vorgezogen hätte und nicht dieses Schicksal, seit 1944 für seine Deportation und wohl auch für seine Rückkehr ohne meine Mutter mit meinem Leben zu bezahlen!

Er ist ausgebrannt und hart, ja, völlig starr zurückgekommen. Für ihn zählte auf einmal nur noch der Erfolg, und um ans Ziel zu gelangen, hat er erbittert gekämpft, auch gegen mich.

Er hat mich gebrochen. Er hat mich zu seiner Sache gemacht.

Ich wollte mir beweisen, daß ich ohne ihn leben konnte, aber er gestattete es mir nicht. Jedes Mädchen, das ich ihm vorgestellt habe, wurde von ihm mit zwei Sätzen als indiskutabel abgetan. Und ich unterwarf mich ihm!

Ich habe nicht den Mut, ihm weh zu tun ... in keiner Form ... und wenn ich auch dabei mein Leben aufgebe! Dabei

schwerer Arbeit fähig waren, wurden sofort in die Gaskammern geschickt. Prototyp des gewissenlosen SS-Arztes. Häftlinge wurden von ihm zu unvorstellbar grausamen Experimenten mißbraucht, deren angebliches Ziel es war, zu beweisen, daß Juden, Zigeuner u. a. physisch und moralisch minderwertiger seien und deshalb vernichtet werden müßten, damit eine höhere Rasse (die arische) ihren Platz übernehmen könnte.

sieht es so aus, als versuche er, sich an mir zu rächen ... Aber für wen bloß? Und warum?

Er hat sehr darunter gelitten, daß er während der Deportation derart gedemütigt worden ist. Ja, diese Erniedrigung, diese aufgezwungene Selbstaufgabe, muß es gewesen sein, was er nicht verkraftet hat ... Und oft versucht er, mich, seinen Sohn, zu demütigen.

Das war oft unerträglich. Ich verstand ihn nicht.

Irgendwann habe ich dann aber in einem amerikanischen Magazin gelesen, daß sich die Aggressivität der Deportierten auf grausamste Weise bei ihren Kindern bemerkbar mache. Was für ein Morast! Und meine Schwester erholt sich nie wieder davon ...

Dabei liebe ich meinen Vater. Er hat nur noch mich. Ich weiß, wie wichtig ich für ihn bin, aber ich weiß auch, daß er nie mehr richtig leben kann. Er hat sich von der Deportation nie mehr erholt ... und wir uns ja auch nicht!

Du bist die einzige, mit der ich darüber reden kann ...

Raphaël zählt zu meinen besten Freunden, und das schon seit über zwanzig Jahren. Er ist es auch gewesen, der mich sehr dazu ermutigt hat, die Gespräche als Buch herauszugeben. »Die Welt muß erfahren, daß diese Deportationen uns bis in die dritte Generation gezeichnet haben«, sagte er zu mir. »Es ist schrecklich ... Ich habe keine Jugend gehabt, keine Mutter mehr, dafür habe ich aber eine Schwester, die behütet und gepflegt werden muß, und einen Vater, der seit seiner Rückkehr nicht mehr fähig war, ein normales Leben zu führen. Ein verpatztes Leben, ein einziger Schlamassel!«

Sonia

Gestern nachmittag habe ich mich mit dem Interview einverstanden erklärt, und kurze Zeit danach bin ich regelrecht in Panik geraten, wenn ich nur daran dachte, was ich dir sagen könnte.

Ich habe das Gefühl, daß anstelle meiner Kindheit nur eine Leere ist. Doch diese Leere macht mir zu schaffen.

Ich habe auf einmal das Bedürfnis verspürt, zu meinem Bruder zu gehen, ihm zu erzählen, daß ich ein Gespräch über die Vergangenheit haben würde, und ihn sogar zu bitten, ob er mir nicht helfen könnte, etwas darüber herauszufinden. Aber vielleicht hat auch er keine Erinnerungen mehr. Wenn man sehr lange über etwas nicht spricht, vergißt man es dann nicht ganz automatisch?

Ich erinnere mich noch an eine Zeremonie mit einem orthodoxen Priester, einem Popen, der uns taufte, meinen Bruder und mich, bevor wir in das Internat geschickt wurden.

Vor der Abreise hat meine Mutter meinen Bruder und mich zu einem Friseur gebracht, der uns die Haare so kurz wie möglich schneiden sollte. Damit wir keine Läuse bekamen. Der Friseur nahm die Haarschneidemaschine und rasierte meinem Bruder den Kopf ganz kahl. Ich erkannte ihn mit dieser Glatze kaum noch. Ich hatte damals wie alle kleinen Mädchen russischer Herkunft zwei lange dicke Zöpfe. Der Friseur wurde ganz ungeduldig, weil keine Schere richtig bei mir schneiden wollte. Und dann hat er auf einmal, und ich nehme an, das geschah mit dem Einverständnis meiner Mutter, zu seiner Schneidemaschine gegriffen, und auch ich verließ den Laden mit kahlgeschorenem Schädel!

Wir kamen schließlich zu diesem Pensionat, das gut zehn Kilometer nördlich von Nizza lag. Von dieser Zeit habe ich absolut nichts behalten. Vielleicht war ich noch zu klein . . .

Das war 1944, und ich bin 1937 geboren. Also war ich damals sieben Jahre alt. Doch, ich erinnere mich noch an eine Szene während der Pause. Ich saß auf einer Bank, und die Kinder machten sich über mich lustig, weil ich einen kahlgeschorenen Kopf hatte. Ich habe sehr darunter gelitten.

Warum hatte meine Mutter nur zugelassen, daß man mir alle

Haare abschnitt? Ich habe diese Frage auch einmal meiner Tante Véronique gestellt. Sie ist die Schwester meines Vaters und lebt noch heute. Sie hat mir geantwortet, daß meine Mutter eine schlechte Mutter gewesen wäre und daß ich nicht weiter suchen sollte ...

Und an diesem Punkt sind sich alle, ganz gleich, ob es die Seite meines Vaters oder die meiner Mutter ist, einig, wenn es darum geht zu betonen, daß sie eine schlechte Mutter gewesen ist.

Ich erinnere mich noch an Auseinandersetzungen, an heftigen Streit zwischen meinen Eltern. Mein Vater war siebzehn Jahre älter als meine Mutter und das dritte Mal verheiratet.

Meine Mutter muß irgendwelche Liebesgeschichten gehabt haben. Sie war schon recht kapriziös, weigerte sich, sich wie die anderen zu benehmen und auch wie alle ringsherum zu kleiden. Sie liebte mich nicht so wie meinen Bruder. Ihn hatte sie sich gewünscht. Ich dagegen habe, glaube ich, für sie nicht besonders gezählt. Aber ich muß sagen, je mehr man mir meine Mutter als schlechte Mutter hingestellt und mir ihre unmöglichen Seiten beschrieben hat, desto sympathischer ist sie mir mit der Zeit geworden. Ich glaube, ich verstehe sie irgendwie, und ich hätte sie gern kennengelernt. Diese schlechte Mutter fuhr jedenfalls jeden Sonntag zwei, drei Stunden mit dem Fahrrad durch die Gegend, um uns, meinen Bruder und mich, zu besuchen!

Eines Morgens kam in dem Pensionat ein Telegramm an: »Vater sehr krank.« Sofort hat man uns in den nächsten Bus nach Nizza gesetzt. Ich entsinne mich absolut nicht mehr, wer uns an der Haltestelle abgeholt hat. Meine Mutter? Mein Vater? Oder war es Tante Véronique? Eigentlich seltsam, ich habe kein Bild mehr davon. Dafür erinnere ich mich an ein regelrechtes Fest, das es gleich nach unserer Ankunft zu Hause gab. Mein Vater war gar nicht krank. Warum dieses Telegramm? Ich glaube nicht, daß ich damals irgendwelche Fragen deshalb gestellt habe. Erst nach dem Krieg habe ich den Grund dafür erfahren: Mein Vater war inhaftiert worden, und man feierte, weil er wieder freigelassen worden war.

Ich glaube, es war gleich am nächsten Tag, als ich hörte, wie meine Eltern über unsere Situation sprachen. Meine Mutter wollte, daß wir gleich wieder in das Heim zurückkehrten. Mein Vater war dagegen. Sie zogen beide die Möglichkeit in Betracht, in spezielle Lager in Frankreich geschickt zu werden.

Solle man da die Kinder bei sich behalten? Mein Vater meinte, wir wären bei ihnen sicherer. Er versuchte, meine Mutter davon zu überzeugen, daß die Lebensbedingungen und die Hygiene dort bei dem den Deutschen bekanntermaßen eigenen Ordnungs- und Sauberkeitsgefühl bestimmt auch für kleine Kinder annehmbar sein würden. Meine Mutter gewann. Denn wir kehrten am nächsten Tag in das Pensionat zurück.

Als dann kurze Zeit später das gleiche Telegramm wieder bei uns eintraf, nahmen mein Bruder und ich recht fröhlichen Herzens den Bus nach Hause. Bestimmt würde es wieder ein Fest geben, und vielleicht könnten wir endgültig aus diesem Heim weg?

Diesmal stand Irène an der Haltestelle, eine Cousine, und sie hatte einen Freund dabei, den sie uns als Louis vorstellte.

Irène hatte nichts zu befürchten. Ihre Mutter hatte in zweiter Ehe einen Hauptmann der französischen Armee geheiratet, der in Deutschland in Gefangenschaft war.

Irène und Louis waren beide erst sechzehn oder siebzehn. Sie lachten und erzählten uns irgendwelche Geschichten. Sie führten uns von der Bushaltestelle direkt zu einer Schule in Nizza, wo wir über eine Woche blieben. Ich glaube nicht, daß mein Bruder oder ich irgendeine Frage gestellt haben, was mit unseren Eltern wäre oder warum man uns zurückkommen ließ, nur um uns in eine andere Schule zu stecken.

Zu Beginn des Krieges wohnten wir in einem großen Haus in Nizza, in dem ich heute mit meinen Kindern lebe. Meine Eltern, mein Bruder, ich, meine Tante Véronique und ihr Sohn.

Mein Cousin war gleich zu Anfang schon zu den Widerstandskämpfern gegangen. Mein Bruder und ich waren im Pensionat. Als sie gekommen sind, um die Familie festzunehmen, waren also nur noch meine Eltern und meine Tante Véronique, die Schwester meines Vaters, da.

Meine Tante hat sich dann vor dem Abtransport nach Drancy noch in Nizza vergiftet. Man hat sie sogleich ins Krankenhaus gebracht, und das war ihre Chance. Dank der Mithilfe des Krankenhauspersonals (sie haben ihr Spritzen gegeben, damit sie hohes Fieber bekam), wurde ihre Abreise hinausgeschoben. Es war schon April 1944, und so konnte sie schließlich in Nizza bleiben. Sie ist letzten Endes von einem Pastor gerettet worden, der den Juden damals half und sie im Krankenhaus besuchte. Ihm vertraute sie sich an. (Louis, der uns an der Haltestelle abholte, war übrigens sein Sohn. Später ist dieser Pastor unser Vormund geworden.)

Im Mai 1944 hat uns meine Tante Sonia, die Schwester meiner Mutter und Mutter von Irène, auf eine Art Gut nicht weit von Nizza gebracht. Wir waren dort eine Menge Leute; besonders viele Kinder und Jugendliche. Ein Bruder von Louis und dessen Freund waren ebenfalls da, und sie bildeten zusammen eine ausgelassene Bande.

Ich habe eigentlich nur höchst unangenehme Erinnerungen an diesen Aufenthalt. Ich war traurig, sehr traurig sogar, ich kam mir verlassen vor und fühlte mich in meiner Haut nicht wohl. Ich weinte oft bei irgendwelchen Anlässen, wo überhaupt niemand damit rechnete, und überhaupt bei jeder kleinsten Kleinigkeit. Alles bereitete mir Kummer, machte mich traurig, und ich war auch traurig, nur, daß ich unfähig war, es auszudrücken, ja, überhaupt es zu begreifen.

Man hatte mir nur gesagt, daß meine Eltern auf eine lange Reise ins Ausland gegangen wären. Ich habe auch nie mit meinem Bruder darüber gesprochen. Ich glaube, ich rechnete schon mit etwas Schlimmem. Ich weiß es nicht. Ich habe es jedenfalls nur schlecht verkraftet, als der Mann von meiner Tante Tania aus Deutschland zurückkehrte, wo er in Kriegsgefangenschaft gewesen war.

Mein Cousin, meine Tante Véronique, mein Bruder und ich sind wieder in unser Haus gezogen, und das Leben ging weiter.

Mein Cousin übernahm die Strickwarenfabrik, die meine Eltern vor dem Krieg gegründet hatten, und mein Bruder und ich besuchten das Gymnasium.

Auch wenn wir nicht darüber sprachen, so warteten wir doch immer, hofften wir.

Eines Tages bemerkte mein Bruder, als wir von der Schule zurückkamen, daß die Fensterläden von unserem Haus alle weit offen waren. Ohne weiter etwas zu sagen, stürmten wir los, beide überzeugt, daß die Eltern endlich zu Hause wären und auf uns warteten. Völlig außer Atem kamen wir an. Nichts! Wir hatten uns alles nur eingebildet!

So etwas ist hart. Genau wie diese Verwechslungen. Da läuft man einer Frau auf der Straße hinterher, denkt, das muß die Mutter sein. Doch dann dreht sie sich um, und alle Hoffnungen sind wieder einmal zunichte. Wie oft bin ich das Opfer solcher schmerzhaften Irrtümer gewesen.

Dazwischen gab es ein schönes Ereignis: Mein Cousin hat geheiratet. Seine Frau war sehr nett zu uns. Aber dann sind sie beide wenige Jahre später kurz nacheinander gestorben. Er an einer sehr seltenen Krankheit, die er von einer Gebirgsexpedition in die Anden von Peru mitgebracht hatte, und sie, wenige Zeit darauf, bei einer Besteigung im Himalaya. Man hat sie die »höchste Frau der Welt« genannt.

Das war alles sehr schwer für meine Tante Véronique.

Meine Eltern stammten beide aus Rußland. Zu Hause haben wir immer Russisch, nie Jiddisch gesprochen. Ich erinnere mich auch nicht, daß irgendwelche jüdischen Riten bei uns befolgt wurden.

Sie fühlten sich als Russen und nicht als Juden. Für mich war es genauso. Jüdin zu sein, erschien mir unmöglich, einfach nicht lebbar! Ich akzeptiere es für mich auch erst seit recht kurzer Zeit ... seit ein, zwei Jahren höchstens.

Ich habe mich nie in jüdischen Kreisen aufgehalten, habe einen Nicht-Juden geheiratet. Ich bin geschieden. Bei der Scheidung war ich vierunddreißig, das Alter meiner Mutter, als sie starb.

Das Jahr, in dem ich vierunddreißig wurde, war schrecklich. Ein wahnsinniges Jahr! Es war alles so verrückt, ich verstand überhaupt nicht, was mit mir los war. Ich bekam auf einmal eine schwere Depression, ohne daß es einen richtigen Grund dafür gab. Auch alle um mich herum begriffen nicht, was da vor sich ging. Ich war apathisch, ließ alles von mir abgleiten, hatte dann aber wieder fürchterliche Ausbrüche, die ich überhaupt nicht kontrollieren konnte. Meine Handlungsweise war völlig uneinsichtig, ja, absurd und schädlich. Es war einfach fürchterlich!

Ich meine inzwischen, ich habe damals große Schwierigkeiten damit gehabt, über das Alter hinauszuleben, in dem meine Mutter hatte sterben müssen.

Einmal bin ich bei Freunden einem Mann begegnet, der mich sehr angezogen hat. Ich war kurz davor, mich mit ihm zu verabreden, als ich seinen Nachnamen erfuhr. Er war eindeutig jüdisch! Ich habe ihn nie wiedergesehen! Ich konnte es nicht; es wäre mir wie ein Inzest vorgekommen!

Ein Freund, der mir eine Freude machen wollte, hat mir eine Israel-Reise angeboten. Ich wollte ihn nicht enttäuschen und konnte nicht ablehnen. Aber ich habe mich gefragt: Warum

Israel? Ich wäre viel lieber woandershin gefahren. Trotzdem habe ich dort wenigstens etwas von meinem Erbe, meiner Vergangenheit gespürt.

Dann habe ich den ›Fiddler on the roof‹ gesehen, dieses Musical nach dem jüdischen Roman ›Tewje, der Milchmann‹ von Scholem Alejchem. Mein Vater spielte Geige, meine Mutter begleitete ihn auf dem Klavier. Meine älteste Tochter hat schon im Alter von drei Jahren eine Geige gehabt. Sie studiert jetzt zwar Zahntechnik, spielt aber immer noch dieses Instrument. Ich habe Klavier gelernt. Ich habe ein ziemliches Können dabei erreicht, habe es aber nie professionell ausgeübt. Ich bin Schülerin bei Lucette Descaves gewesen, als ich nach Paris gekommen bin. Ich spiele auch heute noch und begleite meine Tochter manchmal.

Das ist das Erbe meiner Eltern. Sie haben mir dieses Gefühl vermittelt, daß es wichtiger ist, regelmäßig seine Tonleitern zu üben als gute Noten aus der Schule nach Hause zu bringen!

Der Tod meiner Eltern ist mir erst richtig bewußt geworden, als ich das Buch der Klarsfelds[1] las. Als ich unter dem Datum vom 29. April 1944[2] auch die Namen meiner Eltern fand, war das ein fürchterlicher Schock. Fünfunddreißig Jahre danach! Verstehst du, ich habe fünfunddreißig Jahre gebraucht, um schließlich zu begreifen ... So lange habe ich mich doch immer irgendwelchen absurden Hoffnungen hingegeben. Im Januar 1945 war mein Vater sogar noch am Leben ... also war es ja nicht so unmöglich ...

Mein Bruder ist zwei Jahre älter als ich. Er redet kaum von der Vergangenheit. Er war ein hervorragender Schüler und Student. Mathematik und Philosophie waren seine Domänen. Er hat seine mathématiques spéciales und supérieures[3] gemacht und sein Staatsexamen in Philosophie. Nachdem er dann pausenlos gegen die Bestimmungen der Schulbehörde verstoßen hatte, ist er aus dem Erziehungswesen entlassen worden.

Er lebt jetzt in einer Dienstmädchenkammer, die Toilette auf der Zwischenetage. Er arbeitet als Maler, Fliesenleger, je nachdem, was sich ihm gerade bietet. Und das schon seit Jahren!

[1] Serge u. Beate Klarsfeld: Le mémorial de la déportation des juifs en France. Paris 1978

[2] Datum des Abtransports

[3] Zwei Klassen, in denen man sich nach dem Baccalauréat auf die Aufnahme in eine »grande école« vorbereitet. (Anm. d. Übers.)

Seit 1968 lebt er mit einer nichtjüdischen Frau zusammen, die aus einem völlig entgegengesetzten Milieu stammt. Sie nimmt ihn so an, wie er ist, und stellt niemals Fragen über seine Vergangenheit. Sie weiß, daß sie es nicht darf.

Sie hat nur durch Zufall von einem seiner Freunde erfahren, daß die Eltern bei der Deportation umgekommen sind.

Ich habe meinen Bruder sehr gern; er ist recht wichtig für mich. Ich glaube sogar, daß all das, was mich am meisten berührt hat, von ihm ausgegangen ist. Er hat mir ein Gefühl für gewisse Dinge vermittelt.

Im Laufe der Jahre hat er sich äußerlich völlig geändert. Er ist regelrecht das Ebenbild des jüdischen Schneiders aus Wilno geworden. Er ist ein Asket und lehnt für sich die Konsumgesellschaft total ab. Er will nicht daran teilhaben. Ich bin sehr stolz auf ihn.

Wenn ich die Bilanz meines Lebens ziehe, fällt sie nicht besonders positiv aus. Ich funktioniere im Grunde für die anderen, stehe immer zur Verfügung und lasse mich im Endeffekt mit den Problemen der anderen vollstopfen. Nichts Eigenes!

Ich habe Psychologie studiert; das war nicht ganz umsonst. Aber vorher habe ich ein Literaturstudium gemacht. Zwischendurch leitete ich eine Immobiliengesellschaft. Richtig wie ein Profi. Es hat während meiner Zeit nicht den geringsten Mißerfolg gegeben. Doch das war eigentlich nicht so wichtig. Ich habe das Gefühl, daß ich mein Leben als Frau mehr oder weniger verfehlt habe.

Wiederum muß ich sagen, daß ich meine Beziehung zu meinen beiden Töchtern als etwas durchaus Tiefes, Echtes empfinde.

Dabei bin ich ganz und gar nicht immer das gewesen, was man eine gute Mutter nennt. Nein, auch ich nicht. Ich habe die Kinder bereits, als sie noch sehr klein waren, in Gruppen und Ferienlager geschickt. Ich habe alles unternommen, um sie, so früh wie nur möglich, von mir unabhängig zu machen, zu selbständigen Menschen zu erziehen, so, als bereitete ich sie auf eine mögliche Trennung von mir vor. Und wenn ich dann sah, wie sie sich ohne jegliche Trauer von mir verabschiedeten, war ich sehr glücklich darüber.

Seit vier Jahren lebt eine Freundin meiner jüngsten Tochter mit in unserer Familie. Sie hatte es sich so gewünscht. Auch sie ist russischer Abstammung.

Ich glaube, sie fühlt sich bei uns wirklich zu Hause. Sie entführt mir genau wie die beiden anderen meine Sachen, und wenn ihr etwas an mir nicht paßt, läßt sie mich das genauso deutlich wissen.

Ein Freund hat mir Vorwürfe gemacht, daß ich meine Kinder nicht in jüdischer Tradition und in einem jüdischen Milieu großgezogen habe. »Sie bleiben auf diese Weise wurzellos«, meinte er.

Aber wie sollte ich ihnen etwas vermitteln, das ich selber nie bekommen habe?

Jean

Meine Mutter war Ungarin. Mein Vater Tscheche. Er arbeitete als Vorarbeiter in einer kleinen Fabrik im Norden von Frankreich. Er pendelte mit einer winzigen Bahn häufig zwischen der Fabrik und dem Lager hin und her. Unser Haus lag auf halber Strecke, und immer wenn er bei uns vorbeikam, tutete er zweimal. Ich lief dann nach draußen zur Lokomotive und stellte mich neben meinen Vater in den Führerstand. Zusammen ging es dann weiter ...

Ich weiß nicht mehr, wie mein Vater aussah, habe keine feste Vorstellung mehr von ihm. Vom Gesicht meiner Mutter habe ich, glaube ich, noch ein festeres Bild ...

Ich erinnere mich noch an die Mezuzah[1], die über unserer Tür hing, und an ein jüdisches Fest, wo man ein Huhn über dem Kopf kreisen ließ ... Wie hieß es nur? Ich meine, es war sogar das Versöhnungsfest! Wir hatten zu Hause Bücher in Hebräisch. An mehr erinnere ich mich nicht ...

Dann Oktober 1943. Ich komme als Internatsschüler in die sechste Klasse eines Gymnasiums in einer Stadt nicht weit von uns zu Hause weg. Ich trage den Stern. In jeder Pause muß ich mich beschimpfen und schlagen lassen. Ich bin mit der Jüngste in der Klasse, aber ein sehr guter Schüler. Ungeduldig warte ich darauf, daß die erste Woche zu Ende geht und ich zu meinen Eltern kann. Ich will ihnen erzählen, was hier geschieht, und sie behalten mich dann bestimmt.

Samstag mittag warte ich an der Straße auf meinen Vater, der mich mit dem Lastwagen der Fabrik abholen kommen wollte. Plötzlich tauchen zwei Autos mit Deutschen auf. Sie stürmen heraus und dringen in die Schule ein.

Ein Schüler sagt zu mir: »Fein, sie beschlagnahmen alles, und wir brauchen nicht mehr zurück ...« Die Vorstellung gefällt mir. Ich habe nicht mehr die Zeit, ihm darauf zu antworten. Der Direktor stürzt atemlos herbei und ruft mich: »Laß alle deine Sachen hier, Junge, nimm die Beine in die Hand und lauf, so schnell du kannst, zum Wald rüber. Bleib ja nicht stehen, lauf

[1] Kleine Rolle, auf der der Name des Herrn geschrieben ist und die man in eine Kapsel steckt, die sich die frommen Juden über den Hauseingang hängen.

möglichst weit hinein!« Ich tue, was er mir sagt, aber ich verstehe überhaupt nichts ... Der Abend kommt, und ich bin noch immer in dem Wald beim Internat. Ich habe Hunger, bin müde und friere. Ich beschließe, zu Fuß zu uns nach Hause zu gehen.

Ich verstecke mich im Wald oder im Gebüsch, sobald ich ein Auto oder Motorrad kommen höre ... Dann entdecke ich den Tierarzt unseres Ortes auf seiner Maschine. Er sucht mich schon seit dem frühen Nachmittag. (Inzwischen vermute ich, daß er zur Widerstandsbewegung gehört hat und der Direktor des Gymnasiums ihn von dem Zwischenfall mit den Deutschen verständigt hatte.) Ich klettere hinter ihn auf das Motorrad. Es ist höchste Zeit, denn schon fahren deutsche Patrouillen an uns vorbei.

Unterwegs erklärt er mir dann: »Deine Eltern sind von den Deutschen mitgenommen worden. Deine Schwester nicht, aber wir finden sie seitdem nicht mehr ... Sie muß in der Schule gewesen sein, als sich das alles abspielte, aber keiner weiß, was aus ihr geworden ist.« Ich weine nicht, sondern zittere nur und klappere mit den Zähnen. Ich muß dazu sagen, daß es hinten auf dem Motorrad sehr kalt war ...

Der Tierarzt konnte mich nicht bei sich behalten. Das wäre zu gefährlich gewesen. Er fragte mich, ob ich jemanden kennen würde, zu dem ich gehen könnte. Da erinnere ich mich, daß meine Mutter erst vorige Woche einen Besuch bei Leuten gemacht hatte, die den Stern nicht trugen. Sie hatte absolut darauf bestanden, daß meine Schwester und ich sie dabei begleiteten. Nach einer Weile finde ich auch das Haus dieser Leute wieder. Erschöpft stehe ich da und klappere noch immer mit den Zähnen. Wir klingeln. Sie öffnen, aber um ein Haar hätten sie uns die Tür wieder vor der Nase zugeschlagen.

Der Tierarzt besteht zum Glück darauf, daß sie mich nehmen. Doch sie schimpfen mit mir und sagen, daß sie wegen mir noch erwischt würden ... Meine Schwester war nämlich schon vor mir hergekommen ... ganz allein mit dem Fahrrad.

Sie könnten nicht uns beide, meine Schwester und mich, behalten. Der Tierarzt sagt, ich solle mir keine Sorgen machen, er würde uns am nächsten Tag holen, sobald er eine andere Lösung für uns gefunden hätte. Die Leute willigen ein, uns für die eine Nacht zu beherbergen.

Ich bekomme an dem Abend keinen Bissen herunter, und meine Schwester ebenfalls nicht. Aber wir haben uns wenigstens wiedergefunden!

In der Nacht weint meine Schwester und erzählt mir, sie sei gerade mit dem Fahrrad von der Schule zurückgekommen, als die Eltern verhaftet wurden. Meine Mutter hätte ihr nur gesagt, sie solle zur Nachbarin gehen und sie bitten, daß sie sich um die Hühner kümmern möge ... aber der Blick meiner Mutter war so, daß meine Schwester sofort begriff, was dies bedeutete. Sie hatte dann sehr lange gebraucht, um das Haus der Leute wiederzufinden ...

Wir hatten eine Tante in Vendôme. Das war die Frau des Bruders meines Vaters. Sie war katholisch und würde uns bestimmt zu sich nehmen. Wir schrieben ihr gleich.

Am nächsten Tag wurden wir zu Bauern gebracht. Es waren brave Leute. Sie versprachen, uns zu behalten, bis die Tante uns abholen würde. Wir hießen jetzt Rousseau.

Doch sie ist nie gekommen, trotz zwei weiterer Briefe.

Da gaben uns die Bauern den Rat, nach Vendôme zu gehen. Meine Schwester und ich sind also losgezogen und haben auch die Demarkationslinie ohne große Schwierigkeiten überwunden. Endlich standen wir also in Vendôme vor ihrer Tür. »Sieh mal einer an, ihr seid es!« Das war ihre ganze Begrüßung. Ich habe nie gewagt, sie zu fragen, ob sie unsere Briefe denn nicht erhalten hätte.

Meine Schwester und ich waren sehr ausgehungert ... Sie hat uns zu essen und ein Bett gegeben, aber wir haben begriffen, daß wir nicht so recht willkommen waren.

Meine Tante hatte eine Tochter, das einzige Kind. Sie hat ihr immer irgendwelche Leckerbissen hingestellt. Wir saßen ihr direkt gegenüber, aber für uns, also meine Schwester und mich, gab es keine solche schönen Sachen! Verstehen Sie mich richtig, ich trage es meiner Tante nicht nach; sie liebte eben ihr einziges Kind, und es waren schlechte Zeiten. Ich muß anerkennen, ich habe bei ihr keinen Hunger gelitten. Jedenfalls nicht wirklich.

Natürlich, sie hat uns das Leben ganz schön schwer gemacht, meine Tante. Und es ist teilweise so schlimm gewesen, daß meine Schwester eines Tages einfach davonlief. Zwei Tage später haben wir sie zum Glück wiedergefunden.

Ich wehrte mich nicht, ich nahm alles hin. Eine Szene ist mir noch gut im Gedächtnis. Einmal schlug sie mir im Beisein meiner Schulkameraden mit einem Wischlappen mehrmals ins Gesicht, nur weil ich meinen Stuhl nicht wieder genau an seinen alten Platz beim Tisch zurückgeschoben hatte. Ich finde, daß dies in keinem Verhältnis zu dem, was ich getan hatte, stand. Oder? . . . Ich kann nicht mehr richtig urteilen.

Eines Tages ist ein Brief von meinen Eltern bei der Tante angekommen, aber sie hat sich geweigert, ihn uns zu zeigen. »Ziel: Auschwitz« hat sie uns nur gesagt. Der Brief war aus dem Zug geworfen worden, und der Widerstand der Eisenbahner hatte ihn weitergeleitet.

Die Kirche ist dann ein Zufluchtsort für mich geworden. Ich habe angefangen zu beten, meine Eltern mögen doch so rasch wie möglich zurückkommen. Ich habe damals überhaupt nicht daran gedacht, daß sie vielleicht nicht zurückkehren könnten. Nein, niemals hatte ich eine Vorstellung in der Richtung. Ich habe Gott versprochen, ich würde, wenn sie bald wieder da wären, katholisch werden. Und ich bin sicher, wären sie wiedergekommen, hätte ich mich zum glühenden Katholiken entwickelt! Nach der Befreiung habe ich gewartet, sehr lange gewartet. Ohne Erfolg! Ich habe meine Eltern nie wieder gesehen. Und ich habe ihnen nicht einmal auf Wiedersehen sagen können!

Mein Onkel hat mir dann eines Tages gesagt, es gäbe keine Hoffnung mehr, daß sie zurückkommen würden. Man müßte also eine andere Lösung für meine Schwester und mich finden. Sie hätten nicht die Mittel, auch noch uns beide aufzuziehen.

Für meine Schwester hat sich dann bald etwas ergeben. Man hatte Verbindung zu einem entfernten Cousin meiner Mutter aufgenommen, der in den Vereinigten Staaten lebte, und er erklärte sich auch bereit, sie zu sich zu nehmen.

Ich hatte gerade eine Prüfung für Stipendienplätze gemacht und war Erster geworden. So konnten sie mich als Internatsschüler in das Gymnasium der nächsten Stadt geben. Sie boten mir an, mich während der großen Ferien dann für einen Monat zu sich zu nehmen, sonst aber nicht weiter, denn die Tante wäre zu erschöpft. Ich willigte mit Freuden ein. Ich würde eine Menge lernen . . . und wenn, trotz allem, was man mir erzählte, meine Eltern doch zurückkehrten, würden sie zum Onkel und zur Tante gehen und sofort erfahren, wo sie mich zu finden hätten.

Doch die Trennung von meiner Schwester machte mir schwer zu schaffen. Ich war von der Vorstellung verfolgt, ich würde sie, genau wie meine Eltern, nie mehr wiedersehen. Ihre Abreise war für mich ein Drama. (Jahre später ist ein Freund von mir in die USA gefahren. Ich habe ihn gebeten, er möge doch bei meiner Schwester vorbeischauen. Er hat es getan und hat sie geheiratet. Sie leben inzwischen in Frankreich. Sie ist drüben sehr verwöhnt worden, hat sich aber nur schlecht anpassen können.)

Das Internat war dann schlimmer als ich gedacht hatte. Nicht, was das Schulische betraf; da erzielte ich immer gute Ergebnisse. Das war kein besonderer Verdienst von mir. Es blieb mir nämlich gar nichts anderes übrig, als mich aufs Lernen zu verlegen ... Ich habe aber mit der Einsamkeit fertigwerden müssen. Das war hart. Ich war der einzige Schüler, der die ganze Zeit über dableiben mußte. Doch eigentlich habe ich mich erst so richtig einsam gefühlt, als ich begriffen hatte, daß meine Eltern nie mehr zurückkommen würden!

Nach einem halben Jahr habe ich mich mit einem Jungen angefreundet, dessen Eltern sich beim Direktor dafür einsetzten, daß ich einen Sonntag zu ihnen gehen dürfte. Der Direktor willigte schließlich ein.

Und von der sechsten Klasse an bis zur Oberprima habe ich dann jedes Wochenende, alle kleinen Ferien und einen Teil der großen bei ihnen verbracht. Sie waren derart nett zu mir! Ich habe mich bei ihnen richtig zu Hause gefühlt. Ich verdanke ihnen alles.

Mein Onkel hat es immer abgelehnt, daß ich als Kriegswaise anerkannt würde und vom Staat Geld bekam. Ich weiß heute noch nicht, warum. Also hatte ich auch nicht die Vorteile, die man diesen Waisen einräumte, besonders was das Studium betraf. Ich besaß keinen Pfennig, ich arbeitete tagsüber und lernte abends. Das war die ganze Zeit bis zu der Aufnahmeprüfung für die pädagogische Hochschule.

In der Schule habe ich schon Kontakte gehabt, Kameraden, lose Freundschaften, aber nie richtig tiefe Beziehungen. Ich hatte Angst vor den anderen.

Dann bin ich schließlich Lehrer geworden. Ich hänge noch immer sehr an diesem Beruf. Meine Frau ist auch Lehrerin. Sie ist neun Jahre jünger als ich. Eigentlich wollte ich gar nicht heiraten. Ich fürchtete mich vor den Reaktionen meiner Verlobten, wenn ich schließlich sagen müßte: »Ich bin Jude.« Sie hat es aber sehr gut aufgenommen. Sie hat nur darauf bestanden, daß ich zum Katholizismus übertrete, bevor ich sie heiratete.

Aber warum nehme ich das alles hin?

Ich bin der Patenonkel vom Sohn eines Freundes, der ganz offen seine antisemitische Einstellung zeigt. Er weiß nicht, daß ich Jude bin. Ich frage mich, wie seine Reaktion wäre, wenn er es erfahren würde.

Mir wird klar, daß ich alles dazu getan habe, um mein Leben bei Null anzufangen. Ich wollte alles ausradieren, einen Strich unter die Vergangenheit ziehen. Und ich habe sogar geglaubt, ich hätte es geschafft. Mit Ausnahme der Alpträume. Meine Frau weckt mich dann, ich muß dabei laut weinen. Ich erinnere mich, wenn ich aufwache, an gar nichts mehr, aber ich bin nach diesen Träumen noch eine Zeitlang von schlimmen Ängsten geschüttelt. Meine Frau hat mir deswegen nie irgendwelche Fragen gestellt.

Und wenn ich träume, daß meine Eltern zurückkommen, werde ich von allein wach. Ich bin dann sehr traurig, daß es nur ein Traum war, und der darauffolgende Tag ist gar nicht schön für mich.

Ich möchte so gern noch einmal, wenigstens ein einziges Mal, die Kuchen essen, die meine Mutter früher gebacken hat. Es waren ungarische Kuchen ... mit Nüssen ... Seit Jahren lege ich Nüsse auf die Seite ... für ihre Rückkehr. Und manchmal stecke ich ganz unbewußt auch noch ein paar Nüsse in meine Tasche.

Meine Mutter war mit uns immer sehr sanft, sehr nachsichtig ... Seit zwanzig Jahren leide ich an einer Dickdarmentzündung mit Durchfall. Man hat mir geraten, einen Psychologen oder Psychiater aufzusuchen. Ich habe das auch getan, aber ich schaffte es nicht, das eigentliche Problem anzupacken. Ich wartete darauf, daß sie es erraten würden, auf mich zugingen ... Ich konnte nicht von mir aus damit anfangen. Vor einem Jahr waren Sie es, die mich gefragt hat, ob ich Jude wäre! Ich frage mich jetzt, wie ich es angestellt habe, dreißig Jahre nicht darüber zu sprechen. Wie wenn es hätte sein sollen, waren die Schüler, für die ich Sympathie empfand, häufig Juden ...

Vor zwei Jahren bin ich in den Ferien einem ehemaligen Schüler von mir wiederbegegnet. Seine Eltern haben uns eingeladen, uns zu ihnen zu gesellen. Sie sind Juden, und die meisten ihrer Freunde ebenfalls. Ich habe mich bei ihnen sehr wohl gefühlt. Als wir wieder nach Hause kamen, war ich so glücklich über diese Ferien, daß ich mich sofort bei ihnen bedankte, daß sie uns so nett in ihrem Kreis aufgenommen hätten. Und dieses Jahr fahren wir mit ihnen zusammen in Urlaub.

Ich bin es gewohnt, zurückgewiesen, nicht aber angenommen zu werden. Auch noch willkommen zu sein, ist für mich eine überraschende Erfahrung. Und ich bin mit offenen Armen von Juden empfangen worden, die nichts über meine Herkunft wußten!

Ich habe meine Eltern keineswegs verleugnet. Doch in meinem Innern hat sich eine Angst festgesetzt: Jude zu sein bringt soviel Elend mit sich! Wären meine Eltern keine Juden gewesen, hätte man sie auch nicht deportiert, ich wäre wie die anderen Kinder aufgewachsen. Kein Wunder, daß ich nicht mehr Jude sein wollte!

Ich habe sie in meiner Kindheit mit soviel Sehnsucht zurückerwartet! Und auch jetzt noch, ich kann es nicht ändern, fange ich an, die absurdesten Hoffnungen zu entwickeln, wenn ich eine Gestalt von weitem sehe, die an meinen Vater oder an meine Mutter erinnert. Vielleicht sind sie nach der Befreiung in russische Gefangenschaft geraten und sind jetzt nach Frankreich zurückgekommen, um mich zu suchen. Ich habe auch nie nur irgend etwas an meinem Namen verändern wollen, damit sie mich wiederfinden würden, falls sie durch einen Zufall ...

Ich frage mich oft, warum ich es nicht schaffe, dem Leben etwas abzugewinnen. Wenn es mir wirklich gelungen wäre, die Vergangenheit völlig zu vergessen, könnte ich wahrscheinlich wie die anderen leben, würde mich an dem freuen, was ich habe, und nicht mehr ständig an das denken, was ich nicht mehr habe.

Ich habe keine Bilder, keine Fotos, von meinen Eltern. Ich habe auch ihren letzten Brief nicht. Ich habe kein Grab, an dem ich innere Einkehr halten kann. Nur ein Stück amtliches Papier: »Vermißt ... Auschwitz 1943.« Das ist sehr schwer ...

Wissen Sie, ich habe Angst vor der Heftigkeit, die ich manchmal in mir spüre. Ich habe das Gefühl, ich bin ein Rebell fürs Leben. Dabei meine ich, und das ist doch irgendwie bizarr, daß ich gar kein Recht auf Leben habe!

Hélène, Louises Schwester

Ich bin 1938 in Paris geboren. Ich war das älteste von drei Kindern. Meine Schwester Louise ist 1939 auf die Welt gekommen, und mein kleiner Bruder im Mai 1941.

Meine Eltern, meine Großeltern mütterlicherseits und mein kleiner Bruder sind nach Auschwitz deportiert worden. Keiner von ihnen ist zurückgekommen.

An Paris habe ich überhaupt keine Erinnerung. Von Nizza, wo wir ungefähr ein Jahr lang gewesen sein müssen, weiß ich noch eine Szene: Ich habe die ganze Familie gebeten, sich auf das große Sofa zu setzen und die Beine in die Luft zu strecken. Sie haben mir den Gefallen getan, haben alle fürchterlich gelacht und sich gefragt, warum ich das wollte. Ich hatte dabei das Gefühl, sie wären alle auf dem Wasser, und es könnte so nichts passieren ...

Im Juli 1942 ist eine Schweizerin, eine Freundin von meinem Onkel, nach Nizza gekommen. Sie wollte meine Schwester und mich zu einer Reise abholen. Ich erinnere mich weder an den Abschied noch an die Fahrt. Am Abend waren wir in Paris in ihrer Wohnung.

Am nächsten Tag schon sind meine Schwester und ich getrennt worden. Ich bin in eine Klosterschule gebracht worden. Man hat mir eine Sache eingeprägt: nur kein Wort Jiddisch sprechen und ... vergessen, daß ich Jüdin bin! Die Mutter Oberin will zu allem auch noch, daß ich konvertiere. Ich wehre mich dagegen, werde bockig, und sie droht mir mit dem Teufel. Ich bekomme es mit der Angst zu tun und weine jede Nacht. Ich wecke den ganzen Schlafsaal. Ich will nicht katholisch werden, jedenfalls will ich auf keinen Fall, daß man mich verwandelt, und ich fürchte mich davor, daß es der Teufel nachts tun kann, wenn ich schlafe. Es ist schrecklich. Bis zu meiner Heirat habe ich solche Alpträume mit dem Teufel gehabt!

Die Schweizerin erscheint wieder und bringt mich in einer Familie unter, wo ich wieder auf meine Schwester treffe. Das war in Château-Thierry. Die Bauern waren recht anständige Menschen. Ich ging dort auch zur Schule.

Dann kam die Befreiung. Niemand holt uns ab. Ich mache mir große Sorgen. Ich sage aber nichts. Louise ist noch zu klein und begreift noch nichts.

Eines Abends höre ich, wie die Bauern über uns sprechen. Sie bekommen zwar noch immer Geld für uns, aber irgend etwas scheint nicht zu stimmen.

Acht Monate später steht die Schweizerin vor der Tür, um uns mitzunehmen. Ich stelle ihr keine einzige Frage über meine Eltern ... Später habe ich übrigens erfahren, daß wir das Opfer einer üblen Erpressung gewesen sind. Diese Schweizerin hat sich mit meinem nach Portugal geflohenen Onkel in Verbindung gesetzt und ihm erklärt, wenn er uns wiedersehen wollte, so wäre sie die einzige, die unsere neuen Namen und unseren Aufenthaltsort wüßte, wo sie uns versteckt hätte. Er hat sehr viel dafür bezahlen müssen, um uns herauszuholen, und unbewußt hat er es uns in gewisser Weise zum Vorwurf gemacht. Er hat auch acht Monate mit ihr verhandelt und herumgestritten, bis er uns ausgelöst hat!

Ich habe oft darüber nachgedacht. Ich glaube, Eltern würden sofort zahlen, um ihre Kinder wiederzusehen ... Ich will meinem Onkel gegenüber ja nicht nachtragend sein; schließlich war er es, der uns gerettet hat und der während des ganzen Krieges einen Pensionspreis an die Schweizerin zahlte, wovon sie dann wiederum die Bauern bezahlte. Und danach hat er meine Schwester und mich großgezogen.

Die Schweizerin schickt uns nach Portugal. Zwei Jahre lang ist es ein traumhaftes Leben dort ... Die Frau, die dort mit meinem Onkel zusammenlebt, ist einfach wunderbar. Aber eines Tages kommt die Katastrophe. Die beiden streiten sich, und mein Onkel steht auf einmal allein mit uns da. Für ihn ist es mit uns jetzt unmöglich. Er schickt uns nach Paris zu der Schwester meiner Mutter, die von der Deportation zurückgekehrt ist. Das war die Zeit in meinem Leben, in der ich am meisten gelitten habe. Nur ihre Tochter zählte. Sie hatte uns auch nur bei sich aufgenommen, weil mein Onkel ihr eine hübsche Summe für uns zahlte! Wie gesagt, es ist die Schwester meiner Mutter. Aber ich hasse sie. Ich denke die ganze Zeit, daß Gott nicht gerecht ist. Denn warum ist meine Mutter nicht zurückgekommen, diese Tante aber allem entgangen?

Zum Glück haben sich mein Onkel und seine Freundin schließlich ausgesöhnt und uns auf der Stelle wieder zu sich genommen. Für mich konnte die Frau meines Onkels alles tun, was sie wollte, wir waren Freundinnen.

Bei meiner Schwester war es anders.

1969 habe ich am selben Tag erfahren, daß diese Frau – ich nannte sie mit ganzem Herzen »meine Tante« – an einem bösartigen Tumor erkrankt war und ich ein drittes Kind bekam. Ich habe mir gewünscht, es möge ein Mädchen werden und dieser Tante ähnlich sehen.

Zu meiner großen Freude ist mir mein Wunsch erfüllt worden. Innerlich ist diese Tochter für mich auch wirklich meine Tante!

Als meine Tante dann starb, war ich völlig verzweifelt. Ich hatte das Gefühl, meine Mutter noch einmal zu verlieren. Und als dann kurz darauf auch noch mein Onkel starb, war es für mich, als sei jetzt meine ganze Familie endgültig ausgelöscht.

Ich hatte schreckliche Nächte, mit den schlimmsten Alpträumen. Besonders einer kehrte immer wieder. Ich habe ihn auch noch heute, aber lange nicht mehr so häufig. In diesem Traum erfahre ich, daß es möglich ist, die Spur meiner Eltern zu finden. Ich reise, fahre allein durch die Gegend, bis ich endlich zu dieser Stelle komme ... Es ist eine Wüste. Es wächst dort nichts, nirgends gibt es eine Behausung. Aber ich verzweifle nicht, sondern suche mir weiter meinen Weg durch die Wüste. Und plötzlich entdecke ich vor mir drei runde Löcher im Boden ... ein kleines und zwei größere ... Natürlich, sie haben sich darin versteckt, um zu überleben. Also stürze ich hin und hebe mit Mühe den Stein fort, der die Löcher zudeckt ... Ich rufe hinein, ich sage ihnen, daß ich es bin, Hélène, ihre Tochter, ich schiebe den Stein weiter fort und schaue hinein. Da entdecke ich nur einen Haufen Knochen, und eine Stimme lacht schauerlich. Ich schreie vor Entsetzen auf, weine ... und werde wach!

Weißt du, ich habe anderen niemals Fragen gestellt. Ich konnte nicht darüber sprechen; die Worte blieben mir in der Kehle stecken. Doch ich habe mir immer gesagt: »Wenn doch wenigstens meine Mutter zurückkommen würde ... Auch wenn sie krank wäre ... nur zurückkehren müßte sie ...« Ich habe sehr lange gehofft!

Ich habe nie über ... ja, über das alles erzählen können. Wenn in meiner Gegenwart die Sprache auf die Deportation kommt, ergreife ich die Flucht. Das ist feige, aber ich will nicht vor den anderen die Fassung verlieren.

Mein Mann ist auch Jude, aber aus Nordafrika. Er ist fröhlich, er hat ja von all dem nichts kennengelernt, hat also diese Probleme nicht.

Ich habe nie wieder Jiddisch gesprochen. Ich habe aber darauf gedrängt, daß meine Kinder Deutsch lernen, damit sie Jiddisch verstehen ... Verrückt, nicht wahr? Gerade Deutsch!

Weißt du, ich habe meinen Eltern überhaupt nicht richtig auf Wiedersehen sagen können, denn ich habe damals in Nizza nicht begriffen, was diese Abreise bedeutete. Erst später habe ich erfahren, daß sie am übernächsten Tag bei einer Razzia festgenommen worden sind ...

Sie aber kannten die Gefahr, sie haben alles getan, um uns zu retten ... und sie haben sich nichts anmerken lassen. Ich sollte abreisen können, unbeschwert, als würde ich in Ferien fahren ...

Ihr einziger Trost ist bestimmt gewesen, daß es ihnen gelungen war, uns in Sicherheit zu bringen! Aber ... auch wenn es schändlich ist, was ich da sage ... mußten wir um jeden Preis gerettet werden, um dann ohne Eltern und mit dem Gefühl zu leben, für immer verlassen zu sein? ...

Mein Gott, ich habe nicht das Recht, so zu denken ... Mein Bruder hat diese Chance nicht bekommen ... Was für ein Wahnsinn! Warum wir ... warum nicht er? Mein Sohn trägt den Namen meines Bruders.

Louise, Hélènes Schwester

Meine Schwester und ich waren mit der Schweizerin schon im Zug. Der Zug mußte jeden Moment abfahren. Meine Mutter flehte die Frau an, doch auch meinen kleinen Bruder mitzunehmen, der damals gerade achtzehn Monate alt war. Sie hat sich geweigert. Der Zug fuhr an, und meine Mutter streckte ihr verzweifelt das Kind entgegen ... Vergeblich ...

Ich erinnere mich nicht mehr an die Gesichter meiner Eltern, sehe sie nicht mehr vor mir. Fotos, das ist alles, was ich von ihnen besitze ... aber man hätte mir auch die Fotos von anderen Leuten geben können, und ich hätte gar nicht gemerkt, daß sie es nicht sind!

Bei den ersten Bauern, wo wir waren, schlief ich neben einem kleinen Jungen, der jünger war als ich. Er hustete viel und spuckte auch Blut. Eines Tages ist er dann im Schlaf gestorben. Ich war es, die gemerkt hat, daß er sich nicht mehr bewegt. Ich habe keine Angst gehabt. Man hat mich nicht bei der Beerdigung dabeisein lassen, ich habe vom Fenster aus zugesehen. Dann bin ich in der zweiten Familie meiner Schwester wiederbegegnet. Dort lief alles recht glatt ...

Meine Schwester, ja, sie versteht alles, sie versucht sich einzurichten ... Ich aber nicht. Unter meiner ruhigen Oberfläche brodelt es, lehnt sich alles auf ... und das schon bei den kleinsten Sachen. Ich glaube, ich schwanke ständig zwischen Wut und Tränen hin und her. Ich zwinge mich dazu, mich nur der kleinstmöglichen Trauer hinzugeben, sonst halte ich das nicht aus.

An diese Schweizerin habe ich keine schöne Erinnerung. Sie war kalt wie ein Fisch und falsch. Warum wollte sie meinen Bruder nicht retten? Ein so kleines Kind ist natürlich nicht einfach, aber es ging schließlich um sein Leben! Sie hatte nicht einmal die Entschuldigung, sie hätte nichts davon gewußt, denn meine Mutter hatte ihr deutlich gesagt, daß sein Leben davon abhing! Die Eltern haben gewußt, was auf sie zukam ...

Weißt du, sie sind schon am nächsten Tag verhaftet worden. Bei der großen Razzia in Nizza ...

Ich habe der Schwester meiner Mutter nie ihre Art verziehen, wie sie uns Kinder behandelt hat. Oh, ich habe diese Frau gehaßt! Man muß auch sagen, sie hat alles getan, um diesen Haß zu verdienen. Sie hat uns wie Aschenputtel behandelt, nur ihre Tochter zählte! Nicht einmal meiner Schwester ist es gelungen, Anerkennung bei ihr zu finden. Ich fand das damals sehr ungerecht. Warum war gerade sie von der Deportation zurückgekommen und nicht meine Mutter? Außerdem fragte ich mich ängstlich, inwieweit sie meiner Mutter ähnelte, an die ich keine Erinnerung mehr hatte.

Ich war dann später sehr glücklich, meiner älteren Schwester ganz und gar nicht zu ähneln. So hatte ich endlich Beweise, um mir sagen zu können, daß meine Mutter völlig anders als diese Tante gewesen ist.

Ich hatte immer dieses merkwürdige Gefühl, verlassen worden zu sein, was sich noch verstärkte, als mir mein Onkel erzählte, daß meine Mutter mich, als sie mit mir schwanger war, eigentlich nicht behalten wollte. Sie hatte lange gezögert, doch dann dem Bitten ihres ältesten Bruders nachgegeben, mich doch auf die Welt zu bringen. Und so würde ich ihm, erklärte mein Onkel, zweimal das Leben verdanken, einmal vor meiner Geburt und das zweite Mal, weil er ganz für uns gesorgt hätte, auch während des Krieges, wo wir es nur nicht gewußt hätten.

Doch eine Sache gab mir Trost: Meine Schwester wurde von allen geliebt, also hatte auch meine Mutter sie mit Sicherheit geliebt. Und trotzdem hat sie sich von meiner Schwester genauso wie von mir getrennt ... und sie wollte ja auch, daß mein kleiner Bruder mit uns fährt. Es ist sehr schwer, mit dem Gefühl fertig zu werden, daß sie das vielleicht alles nur getan hat, um sich meiner zu entledigen ... Ich brauche dann immer Beweise, um mich zu vergewissern, daß sie mich nur retten wollte ...

Der beste Trost ist für mich eigentlich die Realität, die Tatsache, daß sie mich wirklich gerettet hat! Mein Onkel liebte mich, das habe ich deutlich gemerkt ... aber ich wollte nicht, daß er und seine Freundin den Platz meiner Eltern einnahmen!

Meine Schwester sorgte dafür, daß sie von allen akzeptiert wurde. Es gab ihr Sicherheit, wenn sie von den Menschen um sie herum geliebt wurde. Das war ihre Art zu überleben. Bei mir war das genau umgekehrt. Ich wollte nicht, daß man Mitleid mit mir hatte, weil ich Waise war, und ich wollte erst recht nicht, daß man auch nur dachte, man könne meine Eltern ersetzen. Also wies ich ganz entschieden all die Leute ab, die es versuchten ... und auf diese Weise brachte ich es soweit, daß man mich ablehnte. Aber für mich war das die Art zu überleben.

Bei meinem Mann habe ich diese Haltung nicht gehabt. Und ich bin sehr glücklich darüber, daß er an mir hängt.

Ich habe drei Kinder, und ich weiß, daß sie mich lieben. Ich habe mir diese Frage bei ihnen auch gar nicht gestellt! Sie sind die einzigen.

Das Schlimmste von allem ist: ich bin meinen Eltern böse, daß sie uns verlassen haben. Dieses Gespräch mit dir war wirklich notwendig, damit ich es mir endlich einmal offen eingestehe! Besonders meiner Mutter trage ich es nach. Ich habe viel später erfahren, daß mein Onkel 1941 Visa geschickt hatte, damit wir Frankreich verlassen konnten. Zu der Zeit war das noch möglich. Wir waren ja gerade erst nach Nizza gegangen.

Aber meine Großeltern, die schon recht betagt waren, wollten nicht noch einmal auswandern. Meine Mutter weigerte sich, ihre Eltern allein in Frankreich zurückzulassen. Ich muß immer denken, daß ihr die Eltern wichtiger waren als ... als wir!

Sie hat ihre Pflicht als Tochter erfüllt – da besteht kein Zweifel –, sie hat schließlich ihr Leben für die Eltern geopfert ... Und auch unsere, denn ich bin nicht glücklich. Ich kann nicht glücklich sein, auch wenn ich alles zum Leben habe!

Als die Deutschen kamen, um sie abzuholen, hat meine Mutter bei der Concierge ein Paket abgegeben und sie gebeten, es aufzuheben, bis jemand von der Familie es holen würde. In diesem Paket war ihr Schmuck, die nichtbenutzten Visa und einige Fotos.

Mein Mann ist Fotograf. Das Foto ist sehr wichtig für mich. Ich habe dir ja erzählt, daß meine Schwester wenigstens noch Erinnerungen an meine Mutter hat. Mir ist nur das geblieben, sonst nichts!

Ich bin nicht religiös, ich kann nicht an Gott glauben. Dazu bin ich zu aufsässig, zu empört. Dabei habe ich das Gefühl, ich habe überhaupt kein Recht darauf, so undankbar zu sein. Schließlich bin ich gerettet worden, war nicht deportiert ... Ich habe ein goldenes Leben gehabt im Vergleich zu anderen, im Vergleich zu meinem kleinen Bruder ...

Ich habe trotzdem darauf gedrängt, daß mein Sohn seine Bar-Mizwah macht. Da begreife einer was!

Irgendwie scheint es mir schon, daß meine Eltern und mein Bruder nicht »umsonst« gestorben sind. Denn wenn ihr Tod sinnlos war, verstehe ich nicht, weshalb ich lebe . . .

Louise war sehr verärgert, als sie erfuhr, daß ihr Gespräch mit mir in einem Buch veröffentlicht werden sollte. Doch sie konnte erst nicht sagen, was sie daran störte, bis sie plötzlich schrie: »Ich will nicht mehr anonym sein, ich habe genug davon. Ich ertrage es nicht mehr länger! Nimm das Gespräch und veröffentliche es, aber bitte unter meinem richtigen Namen: Louise Brodsky!«

Meine Eltern, meine beiden älteren Brüder, sie sind alle nach Auschwitz deportiert worden, und keiner von ihnen ist zurückgekehrt. Ich bin die einzige Überlebende.

Meine Eltern haben darum gekämpft, daß ich am Leben bleibe, sie haben mein Leben gekauft und sie haben es bezahlt, so sieht die Wahrheit aus ...

Ja, den Stern habe ich getragen, und mir ist im Zusammenhang damit noch eine Szene mit meinem Vater in Erinnerung. Als er den Stern das erste Mal auf seinen Mantel genäht trug, befestigte er ringsherum all seine Auszeichnungen aus dem Ersten Weltkrieg. Als er dann auf die Straße ging, gratulierten ihm die Nachbarn. Und ein ihm fremder Radfahrer hat sogar angehalten und ihm die Hand geschüttelt. Mein Vater war sehr bewegt, als er uns das erzählte.

Anfang 1941 ging mein älterer Bruder, Jacques, in die freie Zone. Alle dachten, nur er wäre in Gefahr.

Ich weiß nicht, warum meine Eltern sich als Juden haben erfassen lassen, ich weiß nur noch, daß sie einen ganzen Abend darüber diskutiert haben.

Ich muß dazu sagen, daß sie beide in Frankreich geboren waren. Französisch war ihre Muttersprache, und sie hatten sich sehr assimiliert. Ich weiß nicht einmal, ob sie überhaupt noch Jiddisch konnten, und ich habe auch keine Erinnerung daran, daß wir uns an irgendwelche religiösen Rituale und Feste gehalten hätten.

Für sie war es wohl wichtig, innerhalb der Legalität zu leben. Wenn sie die Gesetze beachteten, könnte man ihnen nichts vorwerfen. Vor dem Krieg war mein Vater Eisenwarenhändler. Während des Krieges hat er sich eine Nähmaschine beschafft und Geld damit verdient, daß er Kleidung wendete. 1943 machten sich meine Eltern dann Sorgen wegen mir. Sie gaben mich in das Internat einer Klosterschule. Ich brauchte den Stern nicht mehr zu tragen, aber die Schwestern mahnten mich, ich solle ja nicht sagen, daß ich Jüdin sei. Es war für mich die erste Trennung vom vertrauten Milieu und natürlich besonders von meiner Mutter!

Ich litt sehr darunter. Meine Mutter kam mich einmal die Woche dort besuchen, und es war jedesmal sehr schlimm, wenn sie wieder fortging.

Dann haben mich meine Eltern wieder zu sich genommen. Ich weiß nicht die Gründe dafür. Vielleicht dachten sie, ich wäre bei ihnen doch sicherer aufgehoben, vielleicht war es aber auch, weil sie merkten, daß ich in dem Internat zu traurig war. Jede Nacht ging ich jedoch zum Schlafen zu einer Nachbarin.

Eines Morgens ist die französische Polizei gekommen, um meine Familie festzunehmen. Mein Bruder Michel hatte keine Chance. Er wollte gerade zur Arbeit gehen, er war zu spät dran an diesem Tag, und sie haben ihn direkt vor unserem Haus erwischt. Er trug den Stern, sie haben ihn gefragt, ob er der Sohn sei, und er ist mit ihnen nach oben gegangen.

Als die Beamten in der Wohnung waren, hat meine Mutter mir aufgetragen, ganz artig in einem anderen Zimmer zu bleiben. Ich war damals zehn, und ich konnte hören, wie meine Eltern alles versuchten, um mich zu retten. Meine Mutter hat die Leute angefleht, hat ihnen all das bißchen, was wir noch besaßen, angeboten. Sie haben das Geld und den Schmuck genommen und erlaubt, daß ich zur Nachbarin gehe. Draußen auf der Treppe hat mir ein Beamter damit gedroht, man würde meinen Eltern etwas antun, wenn ich nur ein Wort von dem eben Vorgefallenen erzählen würde.

Ich bin sicher, meine Eltern haben auch versucht, meinen Bruder loszukaufen, aber er war schon sechzehn, und es gab für sie keine Möglichkeit, sein Leben zu retten.

Doch mit ihrem eigenen Leben war das anders! Als die Polizisten sie abgeführt haben, war ich bei der Nachbarin und habe vom Fenster aus zugesehen. Meine Mutter hat zu mir hochgeschaut und verstohlen ein Zeichen gemacht. Das war alles.

Ich habe diese Szene noch heute vor Augen.

Noch am selben Abend hat mich die Nachbarin zu einer meiner Tanten gebracht. Ihr Mann war schon inhaftiert worden, und sie lebte mit ihren beiden Söhnen von acht und zwei Jahren allein. Was sollte sie auch noch mit mir?

Sie hatte dann die Idee, mich zu den Schwestern in der Klosterschule, wo ich vorher gewesen war, zu stecken. Sie fuhren mit dem ganzen Waisenhaus sogar für zwei Monate in die Ferien, und ich bin mitgefahren.

Von diesen Ferien habe ich nur unangenehme Erinnerungen von Einsamkeit, Trauer und Unbehagen, obwohl die Schwestern ausgesprochen nett zu mir waren. Ich stand vor einer ungewissen Zukunft, und zum ersten Mal fühlte ich mich wie »aufgelesen«.

Nach der Befreiung bin ich zu meiner Tante zurückgekehrt. Sie und ich, wir dachten, daß alles nur vorübergehend wäre. Keiner von uns rechnete damit, daß niemand wiederkommen könnte. Weißt du, meine Eltern sind im Juni 1944 deportiert worden, also mit den allerletzten Transporten ... und meine Brüder waren doch jung und stark ...

Bei meinem Bruder Jacques war es unter besonders gemeinen Umständen zu seiner Deportation gekommen. Er war ja in der freien Zone. Dort mußte er sich wegen einer offenen Tuberkulose dann in Font-Romeu in ein Lungensanatorium legen.

Der Sohn der Nachbarin, die mich nach der Verhaftung meiner Eltern erst einmal aufgenommen hatte, war jahrelang der beste Freund meines Bruders gewesen. Sie hatten beide dieselben Vornamen. Doch mein Bruder wußte nicht genau, ob er nicht inzwischen bei den Jugendgruppen der Doriotisten[1] mitmachte, und hatte sich mehr oder weniger von ihm distanziert. Jedenfalls machte dieser junge Doriotist eine Reise in die Pyrenäen. Ich weiß nicht, wie er an die Adresse meines Bruders gekommen ist. Womöglich schrieben sie sich doch noch, vielleicht wollten meine Eltern so etwas wie einen Augenzeugenbericht?

Er stand also plötzlich vor dem Sanatorium. Während des Besuchs hat mein Bruder ihm einen anderen jungen Juden vorgestellt, der dort ebenfalls ein Lungenleiden auskurierte.

Irgendwie kam es dann zum Streit zwischen meinem Bruder und seinem Jugendfreund. Sie haben sich wütend getrennt, aber meinem Bruder ist überhaupt nicht eingefallen, daß der andere sich an ihm rächen und ihn verraten könnte. Zwei Tage später sind dann er und der andere junge Jude verhaftet worden. Sie sollen meinen Bruder auf einer Tragbahre mitgenommen haben. Jedenfalls ist es mir so erzählt worden.

Bei meiner Tante hörten wir jeden Tag im Radio die Durchsagen mit den Namen der Überlebenden. Meine Tante ist auch allein ins Hotel Lutétia gegangen und hat Bilder von ihrem Mann, ihrer Schwester, ihrem Schwager und ihren beiden Neffen herumgezeigt!

Wir hatten eine Hoffnung. Es gab Leute, die meinten, sie hätten meinen Bruder Michel noch im Februar 1945 gesehen.

[1] Siehe Chronik: Juli–August 1940

Aber wer konnte ganz sicher sein, ob es wirklich derselbe war wie auf dem Foto? Er hatte sich unter den Strapazen bestimmt sehr verändert ...

Ich habe immer meinen ältesten Bruder, das war Jacques, sehr bewundert. Er war wundervoll, sportlich, musikalisch, wollte etwas mit Kunst machen, sah gut aus ... Er hatte alles, um zu gefallen.

Als ich darauf wartete, daß noch jemand von unserer Familie aus dem Lager zurückkäme, hoffte ich merkwürdigerweise immer auf die Rückkehr meines zweiten Bruders. Vielleicht wollte ich mich dem Schicksal gegenüber nicht so unbescheiden zeigen und nur darum bitten, daß wenigstens der aus unserer Familie wiederkäme, an dem mein Herz am wenigsten hing.

Ich habe sehr lange gehofft und gewartet. Besonders eben auf diesen Bruder.

Von meinem elften bis sechzehnten Lebensjahr habe ich bei meiner Tante und ihren beiden Söhnen gelebt. Ihr Mann ist ebenfalls nicht zurückgekehrt. Sie hatten nur sehr wenig Geld, und es war für sie bestimmt nicht einfach, uns drei durchzubringen. Doch trotz ihres guten Willens habe ich immer gespürt, daß ich nicht ihr Kind bin, und ich habe ihr das damals sicher übelgenommen.

Nach der Mittleren Reife hat mich meine Tante vor die Wahl gestellt, entweder als Internatsschülerin mit einem Staatsstipendium für Kriegswaisen ans Lyceum zu gehen (sie konnte keinen Franc für diese Ausbildung abzweigen) oder mit der Schule aufzuhören und ins Berufsleben einzutreten.

Ich bin ihr deshalb nicht böse. Ich weiß, wie schwierig es für sie war, uns drei großzuziehen, aber als es wenige Jahre später um ihre eigenen Söhne ging, hat sie diese nicht vor eine solche Wahl gestellt.

Mir konnte man seit meinen Erfahrungen bei den Nonnen nicht mehr mit dem Internat kommen. Ich habe dann, während ich als Au-pair-Mädchen in England arbeitete, einen Fernkurs belegt und ohne Schwierigkeiten mein Abitur gemacht.

Einer meiner Tanten, die mir mal den Vorwurf machte, ich sei eigensinnig und kapriziös, habe ich entgegnet, mir würden eben die Liebkosungen von meiner Mutter fehlen. Und ich muß schon sagen, meine Mutter hat mir sehr gefehlt, und sie fehlt mir heute noch.

Ich war erst zehn Jahre alt, als sie deportiert wurden. Ich

glaube, viel schlimmer als die Deportation war für mich, daß meine Mutter nicht mehr bei mir war. Das hat mich geprägt.

Und wenn ich eine gute Schülerin war, wenn ich eifrig gebüffelt habe, um meine Agrégation[1] zu bekommen, habe ich dabei immer das Gefühl gehabt, ich tue es für sie, damit sie stolz auf mich sein kann.

Als ich meinen zukünftigen Mann kennenlernte, war, glaube ich, der Umstand, daß er Kunst studierte, nicht ganz ohne Einfluß auf mich. Du erinnerst dich, mein viel verehrter ältester Bruder wollte auch etwas mit Kunst machen. Ich habe inzwischen vier Kinder, und mein ältester Sohn trägt den Namen meines ältesten Bruders.

Mein Mann ist kein Jude. Unsere Kinder sind ohne Glauben, wie wir, aber sie wissen, daß sie Halbjuden sind. Ich frage mich, welche Bedeutung es heute für mich hat, Jude zu sein. Heißt es, nie den Mut zu haben, sich von seiner Vergangenheit zu lösen?

Ich meine, ich habe in meinem Leben soviel gekämpft, und jetzt begreife ich nicht einmal den Sinn davon. Es ist für mich so, als wäre eine riesige Leere um mich herum, eine Leere, die sich trotz aller meiner Anstrengungen nicht ausfüllen läßt.

Sogar die Beziehung zu meinen Kindern ist mit Schwierigkeiten belastet. Dabei wäre ich gerade auf diesem Gebiet so gern erfolgreich gewesen. Es ist wirklich sehr schwierig zu leben, oh, unheimlich schwierig.

[1] Agrégation: Titel und Zulassung zum Höheren Lehramt an Schulen und Universitäten (Anm. d. Übers.)

Robert

Ich bin 1929 geboren. Ich war der älteste von vier Kindern und habe als einziger überlebt.

Ich bin in einem sehr strenggläubigen jüdischen Milieu aufgewachsen. Ich lehnte mich gegen die religiösen Zwänge und Vorschriften auf. Eines Abends habe ich mich sogar geweigert, meine Gebete zu sprechen, und ich erinnere mich auch noch sehr wohl an die Tracht Prügel, die ich daraufhin bekam.

Eine Sache wundert mich: Hätten wir als orthodoxe Juden und noch dazu arm, wie meine Eltern es waren, nicht eigentlich im Getto leben müssen? Vielleicht lag es daran, daß das Heim für meine Eltern etwas sehr Wichtiges gewesen ist. Wir waren nur je zwei Kinder in einem Zimmer, und das Haus strahlte vor Sauberkeit. Ich kann mir vorstellen, daß meine Eltern den Schmutz und das Drunter und Drüber im Getto verabscheuten.

Vom Elsaß weg sind wir nach Royan gegangen. Dann, das war 1941, wurden alle Juden in bestimmte überwachte Wohnorte in der Dordogne übergesiedelt. Dort hat man uns dann auf alte Bauernhöfe, die der Staat beschlagnahmt hatte, geschickt. Mein Vater hat es dann wieder arrangiert, daß wir einen Hof für uns allein hatten, obwohl die meisten anderen jüdischen Familien gerade versuchten, sich zu möglichst großen Gruppen zusammenzufinden.

Meine Mutter hat sich dort um alles im Haus gekümmert, und mein Vater und ich betrieben die Landwirtschaft. Mein Vater entwickelte sich in kürzester Zeit zu einem so guten Landwirt (dabei ist er vorher mit Bekleidung von Tür zu Tür gegangen), daß er den Neid der Bauern auf den Nachbarhöfen hervorrief ... Diese Jahre waren die schönsten in meinem Leben.

Mein Vater und ich liebten diese Arbeit mit dem Boden.

Wir hätten alle sehr glücklich dort sein können, wenn uns nicht der gelbe Stern ständig daran erinnert hätte, daß wir keine normalen Bauern wie die anderen rings um uns herum waren.

Diesen Stern habe ich als eine schreckliche Demütigung empfunden. Ich weigerte mich, ihn zu tragen, doch meine Eltern zwangen mich dazu und sagten, darüber gäbe es keine Diskussion.

In der Schule hat sich fast in jeder Pause ein Haufen kleiner

Bauern auf mich gestürzt. Wir prügelten uns; es war sehr schwer für mich, ich hatte ja niemand, der auf meiner Seite stand und mir half. Ich glaube, da hat es begonnen, daß ich mich einsam, ja, verlassen fühlte. Zum Glück war ich für mein Alter recht groß und stark. Das ist mir sehr zugute gekommen. Und nach einigen Monaten haben sie es auch aufgegeben, und ich hatte dann sogar einen Kameraden.

Ich hatte zwei Tanten, die ich sehr mochte. Es waren die beiden jüngsten Schwestern meiner Mutter. Sie wohnten zusammen und nur gute zehn Kilometer von unserem Hof entfernt. Anfang 1942 sind sie nach Drancy gebracht worden.

Kannst du mir sagen, warum wir dann noch dageblieben sind? Wir waren nur vier Kilometer von der Demarkationslinie entfernt. Ich ging jeden Tag ganz in der Nähe davon die Milch holen. Ich habe mir gesagt, durch den Wald wäre es ganz einfach, aber meine Eltern schienen nicht einmal daran zu denken.

Eines Abends sind dann die Gendarmen gekommen. Sie haben uns befohlen, uns reisefertig zu machen und pro Person nur ein kleines Bündel und nichts Sperriges oder Schweres mitzunehmen. Sie erklärten, sie würden in drei Stunden wieder da sein und uns abholen.

Ich erinnere mich noch, wie meine Mutter geweint hat, und ich habe auch geweint, und weinend haben wir unsere Bündel gepackt. Man hat mich sogar noch zur Nachbarin geschickt, damit ich sie bat, sich während unserer Abwesenheit um unsere Hühner zu kümmern. Dann stellten wir uns, jeder sein Bündel in der Hand, an die Straße, um uns ja nicht zu verspäten. Wir sind in den Bus gestiegen, der überall herumfuhr, um die jüdischen Familien der Gegend einzusammeln. Und niemand hat am Ende gefehlt! Mir wird ganz übel, wenn ich daran denke!

Dann die Ankunft in A. Viele Busse und Lastwagen trafen dort ein ... Die als Franzosen erklärten Kinder mußten eine grüne Karte in der Hand halten. (Ich verstehe nicht, wieso ich als Franzose registriert wurde und meine Brüder und meine Schwester nicht, obwohl sie alle viel jünger als ich waren.) Man trennt uns mit dem grünen Papier von unseren Eltern, unseren Brüdern und Schwestern. Die Kinder weinen, schreien, die Eltern weinen ... Schreckliche Szenen spielen sich ab ...

Mein Vater macht sich das Durcheinander zunutze und schiebt sich zu mir herüber. Er steckt mir das ganze Geld der Familie zu: 700 Francs (die ich heute noch habe), sein Taschenmesser, ihre beiden Eheringe, seine Uhr, einen Ring meiner

Mutter und besonders eine Adresse, auf die ich ganz sorgfältig acht geben soll. Es ist die von unserem Rabbiner, der nach P. geflohen ist. Wenn ich nicht wüßte, wohin ich gehen sollte, wenn ich in Schwierigkeiten wäre, so sollte ich mich an ihn wenden.

Ein Mann kommt zu mir, vertraut mir seinen Sohn von sechs Jahren an. »Verlaß ihn nie«, fleht er mich an, »er ist noch so klein. Ich vertraue ihn dir an. Er heißt Bernard Bercovitz.«

Ein kleiner Junge, der ganz sorgsam ein Buch mit Goldschnitt an sich drückt, stellt sich vor mich hin und sagt: »Nimm es.« Es war bestimmt das Wertvollste, was er besaß. Er muß an die acht oder neun Jahre alt gewesen sein. Er hatte mir die Märchen von Perrault gegeben.

In diesem Alptraum will ich meiner Mutter auf Wiedersehen sagen, aber man läßt mich nicht zu ihr. Ein Deutscher befiehlt mir, wegzugehen. Ich gehorche nicht, und er schlägt mich!

Mein Vater verfolgt ohnmächtig diese Szene. Auf einmal schreit er los: »Robert, vergiß nicht, daß du Jude bist, und du mußt es auch bleiben!« Das sind seine letzten Worte für mich, und ich höre sie noch so, als wäre es erst gestern gewesen. Er hat mir nicht gesagt: »Ich liebe dich, fürchte nichts, paß gut auf dich auf«, nur diesen einen Satz ...

Man ruft uns, damit wir Aufstellung nehmen, man zählt uns. Wir sind zwanzig Kinder. Ich bin der älteste, ich bin dreizehn, das Alter, um ein Mann zu sein.

Ein Priester kommt uns holen. Wir laufen sehr, sehr lange. Die Kleinsten von uns können nicht mehr. Sie weinen in einem fort und verlangen nach ihren Eltern. Während des ganzen Weges spricht der Priester kein einziges Wort mit uns.

Endlich gelangen wir zu irgendeinem Haus ... für straffällig gewordene Kinder oder Sozialfälle, ich weiß es nicht. Dort bleiben wir einige Tage. Niemand kümmert sich um uns. Wir essen, wir schlafen. Wir zwanzig sind die ganze Zeit über immer zusammen, wir mischen uns nicht unter die anderen Kinder dort. Niemand verlangt das auch von uns.

Ich frage den Priester, ob er mir sagen könnte, wo meine Eltern hingekommen sind. Seine Antworten sind sehr ausweichend.

Nach vier Tagen versammelt der Priester alle Kinder, die jüdischen und nichtjüdischen. Er erklärt uns, wir würden jetzt in ein sehr schönes Haus umziehen. Das Haus ist tatsächlich groß, ja, weiträumig, hell, schön eingerichtet, aber der Priester verlangt von den jüdischen Kindern, daß sie wie die anderen zur Messe gehen, und er redet auch davon, daß wir Christen werden sollen. Dabei befaßt er sich schon damit, uns zu konvertieren.

Ich weigere mich, zur Messe zu gehen. Der Priester bestraft mich. Ich bleibe fest ... und hindere den kleinen Bernard, hinzugehen, denn sein Vater hat ihn mir anvertraut, und ich fühle mich für ihn verantwortlich.

Eines Tages erhalte ich einen geöffneten Brief. Er kommt aus Drancy und ist von meinen Eltern. Mein Vater beschimpft mich darin: »Was bist du für ein Sohn! Wir haben dir alles gegeben, was wir besaßen, wir haben dir Paketgutscheine geschickt, denn deine Brüder und Schwester haben Hunger. Du bist der einzige, der nichts geschickt hat.« Ich sehe rot und stürze zu dem Priester: »Wo sind die Briefe von meinen Eltern, was haben Sie mit den Paketgutscheinen gemacht?« Ich bin vor Wut ganz von Sinnen. »Meine Eltern denken, ich habe sie vergessen, stellen Sie sich das doch mal vor!« Ich weine, ich stampfe mit den Füßen auf, ich habe eine Nervenkrise ... Er antwortet mir mehr als verlegen, sie hätten Pakete in meinem Namen abgeschickt, und er zeigt mir einen Aufkleber auf dem Briefumschlag: »Zwecklos, Briefe und Pakete zu schicken. Empfänger mit unbekanntem Ziel abgereist.«

Ich bin dann am nächsten Tag krank geworden, habe eine schwere Gelbsucht bekommen. Von dieser Zeit weiß ich nichts mehr. Ich erhole mich wieder. Der religiöse Druck auf uns wird immer stärker und schließlich unerträglich. Ich, für mich, weiß, daß ich Jude bleiben muß. Also schreibe ich heimlich einen Brief an den Rabbiner, dessen Adresse ich aufbewahrt habe. Ich erkläre ihm, daß man uns konvertieren wolle!

Drei Tage später erscheint eine Frau bei uns. Sie holt uns zwanzig Kinder im Auftrag des Rabbiners ab. Er nimmt uns auf ... und bringt uns noch am selben Tag in jüdischen Familien unter, die wie wir den Stern tragen. Sag mir, wo hat dieser Rabbiner nur seinen Verstand gehabt? Wenn ich nur daran denke ... das ist ja schlimmster Kafka!

In der Familie, wo ich untergebracht bin, muß ich das Zimmer mit einem Jungen von sieben Jahren teilen, der der einzige Sohn ist und von mir nichts wissen will. Er lehnt mich total ab. Seine Eltern schaffen es nicht, ihn zur Vernunft zu bringen. Ich bin todunglücklich. Es ist die traurigste Zeit in meinem Leben.

Ich bin allein und werde von einem anderen Kind zurückgewiesen, das, wie ich, Jude ist, aber noch seine Eltern hat. Eines Morgens geht der Junge sogar so weit, daß er mir auf die Zahnbürste pinkelt. Das bringt das Faß zum Überlaufen.

Ich schreibe wieder an den Rabbiner und bitte ihn, eine andere Familie für mich zu suchen. Er tut das auch gleich, und ich komme in eine andere jüdische Familie, ehemalige Kaufleute. Der Mann ist deportiert worden, die Frau ist sehr krank. Das Dienstmädchen kümmert sich um mich. Mit mir zusammen ist dort noch ein Mädchen von fünfzehn, Judith, und zwar aus denselben Gründen wie ich.

Es ist für mich das Paradies. Ich verliebe mich in Judith. Ich ackere in der Schule wie besessen. Ich will unbedingt eine Klasse überspringen, ich fühle, daß ich das Zeug dazu habe. Das Dienstmädchen verwöhnt uns, ich lebe wieder auf, alles erscheint mir möglich!

Bernard ist in einer anderen Familie, ganz in meiner Nähe untergebracht, und wir gehen zusammen zur Schule.

Ein Erlebnis ist mir noch heute in Erinnerung: Die Kinder, die den Stern trugen, durften nicht den großen Platz überqueren, sondern mußten außen um ihn herumgehen.[1] Aber auf diesem Platz gab es Karussells ... und Kinder, die darauf fuhren. Bernard und ich lehnten uns, es war nach der Schule, an einen Schaufensterkasten direkt gegenüber von den Karussells und sahen zu.

Da kam eine Frau mit einem kleinen Jungen an der Hand aus einer Konditorei. Das Kind aß ein Stück Kuchen. Vielleicht haben unsere Blicke gesprochen, ich weiß es nicht. Jedenfalls verschwand die Frau wieder in dem Geschäft und tauchte nach einiger Zeit mit einer Schachtel wieder auf, die sie uns eilig in die Hand drückte. Diese Schachtel war voller köstlicher Kuchenstücke!

Ich gebe Bernard die Schachtel, sage ihm, er solle hier auf mich warten und renne los, um die Dame einzuholen. Ich will nämlich nicht, daß sie von uns denkt: »Juden und schlecht erzogen!« Ich kriege sie noch zu fassen, sehe sie an und stammele: »Danke. Wirklich schönen Dank!« Hochrot im Gesicht kehre ich zurück, und wir essen den Kuchen.

[1] Siehe Chronik: 8. Juli 1942

Eines Morgens bekam die Frau, die uns beherbergte, ein Einberufungsschreiben ins Haus: »Alle jüdischen Kinder französischer Nationalität müßten umgruppiert werden und ihre Familien, bei denen sie wohnten, verlassen.« Wieder wurden wir in einen Omnibus verfrachtet, und man »spuckte« uns im Lager P. aus.

Bernard, Judith und ich waren unter den ersten, die dort eintrafen. Viele Stunden lang kam ein Bus nach dem anderen an, vollgestopft mit Kindern jeden Alters. Ich kann nicht sagen, wie viele Kinder wir in dem Lager waren; es ging drunter und drüber, wimmelte überall, und kein Erwachsener war bei uns. Am Abend brachte man uns große Schüsseln mit Wasser und Kohlblättern drin – und, beinahe hätte ich es vergessen, pro Kind noch ein Stückchen Brot!

Am dritten Tag bekamen wir einen riesigen Berg Bonbons, den das Rote Kreuz geschickt hatte. Die Bonbons waren nicht eingewickelt und klebten alle aneinander. Wir Kinder brachten uns für das Zeug fast gegenseitig um. Ich war jedenfalls auf einmal in der Tonne mit den Bonbons drin . .. Ich sehe mich heute noch . . .!

Zweimal am Tag gab es diese Schüsseln mit dem Kohl und dem Wasser, und ungefähr eine Woche sind wir dort gewesen, ohne daß irgendein Erwachsener sich weiter um uns gekümmert hätte. Du kannst dir nicht vorstellen, wie es zuging.

Wir haben getollt, bis zur Erschöpfung gespielt, das war lebensnotwendig!

Eines Morgens hat man uns schließlich in einen Sonderzug ganz für uns gesteckt. Der ganze Zug war voll mit Kindern. Sie brachten uns nach Paris zurück und von da aus in bestimmte Zentren.

Ich will unbedingt mit Judith und Bernard zusammenbleiben, aber es ist unmöglich. Ich bin vierzehn und muß in ein Arbeitszentrum für jüdische Jungen von vierzehn bis zwanzig.

Wir werden der U.G.I.F.[1] unterstellt, einer jüdischen Organisation, die fest in deutscher Hand ist. Furchtbar.

Bernard, Judith und all die anderen Kinder werden in den folgenden Monaten deportiert. Bernard ist in Auschwitz umgekommen. Nur sechs von denen, die ich kannte, sind zurückgekehrt. Darunter auch Judith. Ich habe Bernard nicht beschützen können, und ich fühle mich noch heute dafür verantwortlich!

[1] Siehe Chronik: 29. November 1941 und 8. Juli 1942

In dem Arbeitszentrum, eine Art Anstalt, bin ich der Jüngste. Ich lerne dort das Schreinern, aber eigentlich lerne ich zu »überleben«, darum zu kämpfen, daß man mir nicht noch das bißchen nimmt, was ich auf dem Teller habe.

Eines Tages informiert die Résistance den Leiter des Zentrums, daß eine Razzia bevorstehen würde. Der Leiter sagt nichts, aber einer der Lehrer warnt uns und meint, wir sollten für einen Tag aus der Anstalt verschwinden. Wohin nur?

Mit einem Freund laufe ich bis zu einem anderen jüdischen Zentrum. Dann kehren wir wieder um. Es hat an dem Tag keine Razzia gegeben.

An einem Morgen erhalte ich einen Brief. »Mein lieber Robert, ich bin ein Freund deiner Eltern. Mein Name wird dir nichts sagen. Ich habe dir etwas zu übergeben. Treffpunkt dort und dort usw. ...«

Ich beschließe hinzugehen. Man wartet tatsächlich auf mich. Ich erkenne den Arzt des Zentrums wieder, und er erklärt mir, daß mein Name, zusammen mit anderen, auf einer Liste eines Widerstandsnetzes stünde. Sie wollten uns retten, da der Leiter nichts unternehmen würde. (Sie haben diese Strategie auch bei anderen angewandt.) Für den Abend wäre eine Razzia angesetzt. Er würde mir falsche Papiere besorgen. Ich vertraue ihm ... Ich war einer der letzten jüdischen Jugendlichen, die von der Widerstandsgruppe des Dr. M. gerettet wurden.

Ich ändere meinen Namen, trage keinen Stern mehr. Das beruhigt mich doch. Ich heiße jetzt François.

Ich wohne bei einer Lehrerin in Raincy. Sie ist sehr nett und verlangt von mir nie mehr, als ich geben kann. Ich bleibe die ganze Gymnasialzeit bei ihr. Dann, nach meinem Abitur, muß ich in der Studentenstadt leben, denn als Waise habe ich ja ein Staatsstipendium.

Ich beginne mein Medizinstudium. Als ich mich für das Physikum eintrage, lerne ich einen großen sympathischen, lauten Jungen kennen, der sich auch gerade einschreiben will. Wir arbeiten dann im Labor Seite an Seite. Einige Monate später schlägt er mir vor, ich solle doch zu ihm zum Lernen kommen, er wohne ganz in der Nähe, und das sei viel gemütlicher als in der Studentenstadt. Ich bin viel zu früh da.

Seine Mutter empfängt mich. Während ich auf ihn warte, unterhalten wir uns. Sie hat sehr gütige Augen. Auf einmal fragt sie mich, wo meine Familie sei? Ich habe Vertrauen zu ihr und sage: »In P., 1943 ...« »Wir waren da auch«, entgegnet sie.

Es klingt unglaublich, aber es ist wahr: Ich habe die Dame wiedergefunden, die uns damals die Kuchen schenkte! Und der lange Kerl ist der kleine Junge, den sie an der Hand hatte!

Der Sohn kommt nach Hause, dann der Vater. Alle sind von dieser Begegnung berührt.

Ich kann mich ab jetzt als ihr zweiter Sohn betrachten. Und so habe ich bis zu meiner Heirat bei ihnen gelebt. Ich bin wirklich ihr zweites Kind.

Bei dem Thema Familie fällt mir noch etwas ein. Es ist eine merkwürdige Geschichte. Als ich mein Abitur bestanden hatte, fragte mich die Lehrerin in Raincy, was ich mir denn als Belohnung wünschte. Ich habe ihr gesagt: »Eine Reise nach Hause, aber ganz allein.«

Das war schon längst nach dem Krieg natürlich. Diese Reise hat viele Ängste ausgelöst, und jeder hatte mir vorher auch davon abgeraten, aber ich mußte es einfach tun! Ich habe unser Haus wiedergesehen, und ich habe auch das von den besten Freunden meiner Eltern gefunden. Ihr Name stand wieder frisch an der Tür. Ich läute ... Niemand öffnet. Es war auch am frühen Sonntag nachmittag.

Also warte ich und gehe in der Zwischenzeit ein wenig spazieren. Ich betrachte alle Namen, die an den Häusern stehen. Vielleicht würde ich noch mehr Freunde meiner Eltern entdecken. Ich suche alle Namen ab ... und da stoße ich auf meinen Namen. Die Schreibweise ist sehr ausgefallen, doch er steht ganz richtig da, und ich bin sogar sicher, die Schrift meines Vaters zu erkennen (der Name war von Hand geschrieben). Ich meine, verrückt zu werden. Ich läute ... niemand! Und in den darauffolgenden fünf Minuten packt mich eine entsetzliche Wut ... ein maßloser Zorn. Sie sind zurückgekommen, sie leben ohne mich, sie haben mich nicht gesucht, das ist doch nicht möglich! ... Oder sie haben sich auch hierbei so dumm angestellt wie damals, als es darum ging, sich der Deportation zu entziehen ... Ich werde verrückt vor Wut, ich will ihnen sagen, was ich denke, ich, der sie seit 1945 sucht! Sie sind Ungeheuer! Ich bekomme keine Luft mehr.

Ohne es überhaupt zu merken, ich bin wie in Trance, laufe ich wieder zu dem Haus der Freunde zurück. Ich klingele noch einmal. Sie sind da, ich begrüße sie, ich frage sie:

»Seit wann sind denn meine Eltern wieder hier? Warum haben sie mich denn nicht verständigt?«

Sie sehen mich an, als wäre ich verrückt.

»Aber deine Eltern und alle anderen von deiner Familie sind doch bei der Deportation umgekommen ... Wir wußten gar nicht, daß du überhaupt noch am Leben bist!«

»Ihr begreift anscheinend nicht. Ich sage euch doch, meine Eltern leben und wohnen in dem Neubauviertel gleich gegenüber!«

Sie holen mich herein, drücken mich in einen Sessel und reden mit mir wie mit einem kleinen Kind, das man beruhigen muß. Ich erzähle ihnen, was ich gesehen habe.

»Das stimmt, diesen Namen gibt es. Der Mann ist Rechtsanwalt, und er schreibt sich tatsächlich so wie du. Wir kennen ihn, er ist aus dem Elsaß ... kein Jude ...«

Ich verlasse sie abrupt und gehe direkt zur Synagoge. Ich sehe auf einer Tafel die Namen meiner Eltern, meiner Brüder, meiner Schwester ... und meinen Namen auch, wie den aller Deportierten aus unserem Ort. Und ich muß sagen, mir ist das überhaupt nicht seltsam vorgekommen. Denn lebe ich eigentlich? Nach all dem, was war?

Nein, ich weiß eigentlich nicht, was leben heißt! Ich lebe in der Vergangenheit, und das allerschlimmste ist, wenn ich Kinder sagen höre, ihre Eltern wären fantastisch, dann tut mir das weh, denn mir bleibt nicht einmal dieser Trost!

Ich bin wütend auf sie, verstehst du das? Ja, ich habe einen Haß auf all die Toten, die mein Leben mit dem ihren bezahlt haben. So kann keiner leben, das ist nicht zu verkraften.

Und sie haben nichts dazu getan, um am Leben zu bleiben! Rein gar nichts!

(Robert hat den Kopf in die Hände gestützt. Er verbirgt sein Gesicht.)

Sie sind wirklich wie eine Hammelherde zum Schlachthaus getrottet! Sie haben mich zurückgelassen, allein, als einzigen der Familie, und ich mußte um jeden Preis überleben!

Weißt du, es ist mir schon vorgekommen, daß ich von weitem jemand gesehen habe, der mich an meinen Vater erinnerte, und ich bin ihm dann hinterhergelaufen. Ich konnte einfach nicht anders. Das ist mir erst kürzlich wieder passiert.

Ich habe kein Foto von meiner Mutter. Ich habe ihr Gesicht vergessen. Von meinem Vater habe ich noch ein Bild.

Ich bin mit meiner Frau und meinen Töchtern schon zweimal in die Dordogne gekommen. Einen Verbrecher zieht es eben immer wieder an den Ort seiner Tat, ist es nicht so?

Einen Verbrecher, sagst du? Ist das nicht unpassend?

Ja, ich habe Verbrecher gesagt. Eigentlich merkwürdig ... aber sieh mal, sie sind schließlich tot und ich lebe!

Ich wollte unbedingt den Bauernhof kaufen, auf dem wir zusammen gelebt haben und so glücklich waren. Aber der Besitzer hat sich geweigert.

Als ich dann nach Paris zurückkehrte, hatte ich einen seltsamen Traum, der den Alpträumen der vorhergehenden Jahre ein Ende setzte. Ich spazierte darin vor dieser Farm hin und her, und es waren da fünf Löcher (sie glichen den Wasserreservoirs, die ich unterwegs gesehen hatte, sie mußten erst kürzlich angelegt worden sein), zwei große runde und drei kleine. Ich hatte endlich gefunden, wo sie begraben waren ... Und das noch bei diesem Bauernhof, wo wir uns so wohlgefühlt hatten!

Meine älteste Tochter, sie studiert zur Zeit, will nach Israel gehen. Sie sagt, sie müsse das tun, was ich nicht geschafft hätte ...

Dann fügt er noch hinzu: Sie kehrt zum Ausgangspunkt zurück, die Fackel ist weitergegeben ... *Und dann sehr leise und müde:*

Mein Vater wäre sehr stolz auf sie, und ich hätte es gern, wenn sie Atheist wäre wie ich, aber stets dazu fähig, sich voll zum Judentum zu bekennen! Ich habe mich oft gefragt, wie ich reagieren würde, wenn sie einen Nicht-Juden heiratet ... Oh, ich glaube, es würde mir sehr weh tun, ja, bestimmt ... aber ich würde es ihr nicht verbieten.

Nach einer Weile des Schweigens sagt er lächelnd: Aber ich weiß, sie wird so etwas nicht tun!

Du siehst, ich habe mich durchgewurschtelt, mit viel Glück ... aber ich habe nicht untätig zugesehen!

Oh, das war alles ein Alptraum. Ich weiß nicht, ob ich es dir schon erzählt habe: Meine Mutter hat aus dem Zug, der sie nach Auschwitz brachte, eine Karte geworfen, die von dem Widerstandsnetz der Eisenbahner weitergeleitet wurde. Ich habe sie bekommen, als ich krank war. Damals bei den Priestern. Es standen nur wenige Worte darauf: »Bubele[1], paß auf dich auf. Wir fahren nach Auschwitz. Ich liebe dich. Mama.«

Sie schrieb nicht mehr von den Paketen ...

Zum Glück habe ich diese Worte bekommen. Wenn nicht, weiß ich nicht, ob ich die Kraft zum Überleben gehabt hätte ...

[1] Jiddisch: zärtliche Bezeichnung für Junge

Chronik
(Als Anhaltspunkte für die Gespräche)

1940

9.–19. Juni	Einmarsch der Deutschen in Frankreich
22. Juni	Deutsch-französischer Waffenstillstand
24. Juni	Italienisch-französischer Waffenstillstand
25. Juni	Waffenruhe Die Deutschen besetzen Frankreich nördlich und westlich der Linie Genf – Dôle – Tours – Mont-de-Marsan – bis hinunter zur spanischen Grenze. Die Demarkationslinie, die das besetzte Frankreich von dem unbesetzten Frankreich trennt, wird von der deutschen Wehrmacht und dem deutschen Zollgrenzschutz bewacht. Am Anfang stellt diese Linie eine hermetische Grenze dar. Nicht einmal die Post kann passieren. Später, ab September, gibt es die cartes interzones, »Interzonenkarten«, also Passierscheine, die nur in geringem Umfang ausgegeben werden. Die Juden und auch Franzosen flüchten mit speziellen passeurs (Fluchthelfern), die sich dafür bezahlen lassen. Die nach Bordeaux geflüchtete französische Regierung Reynaud wird durch ein Kabinett unter Marschall Pétain ersetzt. Vichy, in der südlichen, sogenannten »freien« oder »unbesetzten« Zone, wird Sitz der Regierung Pétain (seit 1. 7.).
10. Juli	Der »État Français« wird ausgerufen. Pétain ist Staatschef und Ministerpräsident. Vizepräsident: Pierre Laval.
Juli–August	Aktionsgruppen der »Doriotisten« (von Jacques Doriot 1936 gegründete extrem rechte Pro-Hitler-Partei, offiziell Parti Populaire Français), die sogenannten »Blauhemden«, ter-

rorisieren jüdische Geschäfte, was angeblich Ausdruck des Volkszorns war und dazu dienen sollte, die von Hitler und den Deutschen ergriffenen Maßnahmen gegen die Juden auch in Frankreich zu rechtfertigen.

15. Juli	Erste Verfügung der Deutschen über Kunstgegenstände und Urkunden in jüdischem Besitz
16. Juli	Vertreibung der Juden aus dem Elsaß und aus Lothringen, die vom Deutschen Reich annektiert worden waren, in Richtung unbesetzte Zone
17. Juli	Verordnungen über Einstellungen im öffentlichen Dienst, die sich besonders gegen Juden richten
22. Juli	Überprüfung der nach dem August 1927 vorgenommenen Naturalisierungen
23. Juli	Das Gesetz der Vichy-Regierung, das die Liquidierung jüdischen Besitzes zugunsten der Secours national français, der staatlichen Sozialhilfe, vorsieht, wird von den Deutschen zurückgewiesen, da sie sich das Vorrecht auf das Eigentum der Juden sichern wollen.
19.–30. August	Die Deutschen verbieten den Juden, die vor der Invasion geflohen sind, in die besetzte Zone zurückzukehren, und künden ihre Registrierung an.
27. August	Aufhebung des Gesetzes Marchandeau vom 21. April 1939, wonach Rasse und Religion diffamierende Artikel in der Presse unter Strafe standen
27. September	Eine deutsche Verfügung sieht die Registrierung aller Juden und ihres Besitzes vor. Der Durchschlag des Registrierungsbogens, der im jeweiligen Bezirkskommissariat liegt, hat an die Gestapo zu gehen.
Oktober	Aufforderung an alle in der besetzten Zone verbliebenen Juden, sich auf den Kommissariaten

zu melden und sich den Vermerk »Jude« in den Ausweis stempeln zu lassen.
Vichy verkündet den »Judenstatus«. Die Juden (mit Ausnahme der Veteranen) werden von leitenden Posten (Verwaltung, Justiz, Polizei, Armee, Unterricht und Lehre usw.) ausgeschlossen. Sie dürfen auch keine verantwortlichen Positionen mehr bei Presse, Rundfunk, Film usw. innehaben.
Als Jude wird bezeichnet, wer drei jüdische Großeltern oder zwei jüdische Großeltern und einen jüdischen Ehepartner hat.

4. Oktober — Ein Gesetz berechtigt die Präfekten, ausländische, beziehungsweise staatenlose Juden in speziellen Lagern zu internieren oder ihnen einen bestimmten Aufenthaltsort zuzuweisen (davon sind auch die Juden betroffen, die am 22. Juli ihre Naturalisierung verloren haben).

7. Oktober — Den algerischen Juden wird die französische Staatsbürgerschaft abgesprochen, die ihnen gemäß dem Dekret Crémieux aus dem Jahre 1870 zustand.

14. Oktober — Treffen von Pétain und Hitler in Montoire. Pétain lehnt zwar ein Bündnis mit Deutschland gegen England ab, stimmt aber in gewissem Rahmen einer deutsch-französischen Zusammenarbeit zu.

18. Oktober — In den jüdischen Unternehmen werden arische Geschäftsführer eingesetzt.

1941

23. März — Die Vichy-Regierung richtet das Commissariat général aux Questions Juives, das »Hauptkommissariat für Judenfragen« ein. Kommissar wird Xavier Vallat.

26. April — In der besetzten Zone werden den Juden jegliche wirtschaftlichen Aktivitäten untersagt.

Die in den jüdischen Unternehmen eingesetzten Geschäftsführer haben jetzt das Recht, den Betrieb an Arier zu veräußern oder zu liquidieren.

11. Mai Der SS-Hauptsturmführer Dannecker, Eichmanns Beauftragter für Frankreich, gründet das Institut d'Études des Questions Juives, das »Institut für Studien der Judenfragen«, und daran angegliedert den Verband der Amis de l'Institut, der »Freunde des Instituts«, die antijüdische Propaganda betreiben.

13. Mai Hunderte von Polizisten bringen Juden in Paris Vorladungen, die später billets verts, »grüne Zettel«, genannt werden.

14. Mai Tausende von ausländischen und staatenlosen Juden werden von der französischen Polizei in Paris verhaftet und in Sammellager nach Beaune-la-Rolande und Pithiviers deportiert. Die Polizeirazzien in den besetzten Gebieten mehren sich.

2. Juni Nach dem Gesetz vom 2. Juni werden ab jetzt alle Juden von leitenden Posten ausgeschlossen. Auch im privaten Sektor sind also von nun ab zahlreiche Berufe nicht mehr zugänglich. Die Registrierung wird auf die freie Zone ausgedehnt. Der Vermerk »Jude« ist in den Ausweisen und auf den Lebensmittelkarten Pflicht.

22. Juni Deutsche Offensive gegen die Sowjetunion ohne Kriegserklärung.

11. August Der numerus clausus (zuvor nur für jüdische Rechtsanwälte erlassen) wird auf die Mediziner und schließlich auf die Universitäten ausgedehnt, in Algerien sogar auf die Schulen.

12. August Razzia in Paris, genau zu dem Zeitpunkt, als das Lager Drancy (bei Paris) eingerichtet wird.

13. August In der besetzten Zone werden zuerst die Rundfunkgeräte jüdischer Bürger konfisziert, kurz darauf auch die Fahrräder. Die Post hat das

Recht, die bei Juden installierten Telefone zu sperren und abzuholen.
Bis zum Ende des Jahres 1941 werden die Bestimmungen gegen die Juden noch weiter verschärft. Sie dürfen in der besetzten Zone nicht mehr reisen, in keinem Fall die Demarkationslinie passieren, ihre Bankkonten sind gesperrt. Praktisch alle Berufe sind ihnen untersagt.

20. August Erste interne Vereinbarungen, die aus Drancy ein militärisch geführtes Straf- und Sammellager (zwar noch unter französischer Verwaltung) machen.

21. August Razzia im XI. Arrondissement von Paris. Alle jüdischen Rechtsanwälte, die in die Anwaltskammer aufgenommen sind und sich in Paris aufhalten, werden interniert.

2./3. Oktober In der Nacht werden in Paris sechs Synagogen von der Faschistengruppe Deloncle gesprengt. Vichy schafft die »Polizei für Judenfragen«. Die ersten Transporte westeuropäischer Juden treffen in Auschwitz ein.

29. November Auf Anfrage der deutschen Botschaft und der Gestapo gründet der Kommissar für Judenfragen, Xavier Vallat, die Union Générale des Israélites en France (U. G. I. F.). Dieser Verband ist, wie vergleichbare Organisationen in Deutschland und Polen, dazu gedacht, die Juden besser zu erfassen. Noch existierende jüdische Einrichtungen sollen hierdurch absorbiert werden, Meldepflicht des Vereinsvermögens.

7. Dezember Die Vereinigten Staaten treten in den Krieg ein. Erlaß des Polizeipräfekten von Paris, der den Juden untersagt, den Wohnort zu wechseln – Einschränkung der Bewegungsfreiheit.

12. Dezember 1000 Juden, die meisten von ihnen einflußreiche und intellektuelle Franzosen, werden in Paris inhaftiert und 1942 nach Auschwitz deportiert.

1942

20. Januar	Wannsee-Konferenz in Berlin über die »Endlösung der Judenfrage«. Die Ausrottung der Juden Europas wird beschlossen. Die Deutschen erhalten bei den ersten Deportationen Unterstützung von seiten der französischen Polizei.
7. Februar	Eine deutsche Verfügung untersagt den Juden bei Strafe, in der besetzten Zone zwischen 20 Uhr und 6 Uhr auf die Straße zu gehen.
27. März	Die ersten Deportationen französischer Juden nach Auschwitz u. a. finden statt. 1000 angesehene Juden, die im Dezember 1941 in Paris verhaftet worden waren, werden jetzt in die Todeslager abtransportiert.
April	Pierre Laval, der für einige Zeit (seit Dezember 1940) aus dem Amt entlassen worden war, kehrt mit vermehrten Machtbefugnissen (Innen- und Außenminister) in die Vichy-Regierung zurück. Er verstärkt die Politik der Kollaboration mit den Deutschen.
6. Mai	Xavier Vallat wird als zu gemäßigt angesehen und muß Darquier de Pellepoix weichen, der jetzt das Hauptkommissariat für Judenfragen leitet.
Mai	Gauleiter Sauckel, Beauftragter für die Rekrutierung von »Fremdarbeitern«, fordert von Frankreich 350000 Arbeitskräfte.
29. Mai	Eine Anordnung verpflichtet alle Juden ab sechs Jahre in der besetzten Zone den gelben Davidstern »fest auf die Kleidung genäht« zu tragen.
1. Juli	Eichmann kommt nach Paris, um mit Dannekker zu sprechen. Er empfiehlt, die Zahl der Deportationen zu erhöhen, die zu der Zeit bei 3000 Juden pro Woche lag (drei Transporte von je 1000 Menschen. Abgangsbahnhof war Drancy).

3. Juli	Verhaftung der im Hospital Rothschild in Paris internierten jüdischen Kranken. Pierre Laval schlägt den Deutschen die Deportation jüdischer Kinder unter sechzehn Jahren aus der freien Zone vor.
5. Juli	Darquier erreicht die Ablösung der Polizei für Judenfragen (sie wird nach einem Skandal aufgelöst) durch eine neugeschaffene Section d'Enquête et de Contrôle, »Abteilung für Ermittlung und Überwachung«, die zur Aufgabe hat, die »Delinquenten« einer antijüdischen Stelle »anzuzeigen«. Aufrufe zur Denunziation und Anzeige.
8. Juli	Den Juden in der besetzten Zone ist es ab jetzt untersagt, in Theater, Restaurants, öffentliche Parks usw. zu gehen. Sie dürfen ihre Einkäufe nur noch in der Zeit von 16–17 Uhr tätigen. Eine Geldbuße von einer Milliarde Francs wird den Juden nach Attentaten auf die Deutschen auferlegt. Sie wird über die U.G.I.F. eingetrieben.
15./16. Juli	In der Nacht wird eine Großrazzia unter der Bezeichnung »Frühlingswind« in Paris durchgeführt, die später nur noch als die Razzia vom Vel' d'Hiv bezeichnet wird. 12284 Juden, darunter an die 4000 Kinder, werden zusammengetrieben und im Vélodrome d'Hiver (Radsporthalle), rue Nélaton, festgehalten. Sie müssen unter katastrophalen Bedingungen eine Woche dort zubringen, bevor sie nach Drancy, Beaune-la-Rolande und Pithiviers abtransportiert werden. Viele begehen im Vel' d'Hiv Selbstmord oder sterben, weil die Halle total überfüllt ist.[1]
Sommer	Die Initiativen zur Rettung der Kinder werden immer zahlreicher. Transporte werden organisiert, die jüdische Kinder in die Schweiz oder

[1] Siehe Claude Lévy und Paul Tillard: La grande rafle du Vel' d'Hiv: 16. Juillet 1942. Paris 1967

zu Verstecken in der freien Zone schleusen, z. B. dem Evakuierungszentrum Moissac (Tarn-et-Garonne), das von den Éclaireurs Israélites[1] eingerichtet worden war.

10.–28. August In der unbesetzten Zone kommt es zu Razzien auf Juden, die nach 1936 in Frankreich eingereist sind. Die Vichy-Regierung liefert 15000 staatenlose Juden an die Deutschen aus.

4. September Die Vichy-Regierung verkündet auf Druck der Deutschen ein Gesetz, das den »Arbeitsdienst« für alle Männer von 18–50 Jahren und für ledige Frauen von 21–25 Jahren in Deutschland vorsieht.
Viele versuchen sich ihrer Zwangsrekrutierung zu entziehen, indem sie sich falsche Papiere besorgen oder in den Untergrund gehen.

25. September In der deutschfreundlichen Wochenzeitschrift ›Je suis partout‹ legt sich der Herausgeber, der Schriftsteller Robert Brasillach, mit jenen an, die (wie der Erzbischof von Toulouse) gegen die den Juden zugefügten Brutalitäten und deren Aussonderung aus Frankreich protestieren. »... Wir sollten vorsichtig sein, das abzulehnen, denn man muß sich von den Juden insgesamt trennen und nicht noch Reste übrigbehalten ...«

7./8. Nov. Landung der Alliierten in Nordafrika

11. November Besetzung Restfrankreichs durch die Deutschen und Italiener (die Italiener östlich der Rhône)
Verhaftung und Deportation französischer und ausländischer Juden in der ehemals »freien Zone«

11. Dezember Ein Gesetz verpflichtet jetzt die Juden in ganz Frankreich, in ihre Personalausweise, Pässe und Lebensmittelkarten den Vermerk »Jude« eintragen zu lassen.

[1] Siehe Anmerkung S. 87

20. Dezember	Der Präfekt des Départements Alpes-Maritimes beschließt die Vertreibung ausländischer Juden. Die Italiener versuchen sich dagegenzustellen und nehmen die Juden unter ihre Kontrolle. Die Juden verlassen Nizza. Doch viele können einer Verhaftung nicht mehr entgehen.

1943

	In die von den Juden »verlassenen« Wohnungen werden von der deutschen Besatzung und der Pariser Polizeipräfektur Franzosen oder Deutsche einquartiert.
30. Januar	Pétain und Laval gründen die Milice française. An ihrer Spitze steht Joseph Darnand. Diese Miliz ist eine politische, paramilitärische Polizeiorganisation, die gegen den Maquis (Widerstandsbewegung) kämpft und auch Razzien gegen Juden durchführt.
17. Februar	Der Service du Travail Obligatoire (S. T. O.) wird auf Druck von Gauleiter Sauckel als Institution eingerichtet. Wer kann, der versucht der Zwangsarbeit in Deutschland durch »Untertauchen« zu entgehen.
April–Mai	Bildung von Freikorps der A. J. (Armée Juive), die zur jüdischen Widerstandsbewegung Organisation Juive de Combat (Maquis du Tarn) werden.
2. Juli	Das Sammellager Drancy kommt unter deutsche Verwaltung.
25. Juli	Sturz Mussolinis
August	Die Éclaireurs Israélites (eine weitere jüdische Untergrundorganisation, die sich seit 1940 mit der Evakuierung befaßt) unterstellt sich der Befehlsgewalt der Organisation Juive de Combat.
3. September	Kapitulation der Italiener
8. September	Verkündung des Waffenstillstands mit den Alli-

	ierten. Deutsche Truppen besetzen daraufhin Nord- und Mittelitalien. Flucht der Badoglio-Regierung und der königlichen Familie ins Lager der Alliierten. Von dort aus Kriegserklärung an Deutschland (13. 9.)
9.–15. September	Gegenregierung mit republikanisch-sozialistischem Kurs. Die Deutschen kontrollieren den Eisenbahnverkehr in ganz Italien. Die italienische Zone (Südosten Frankreichs) wird von den Deutschen besetzt. Es kommt zu zahlreichen Razzien, besonders in Nizza. Mussolini wird am 12. 9. von den Deutschen befreit und tritt an die Spitze der am 9. 9. gebildeten Gegenregierung.
31. Dezember	Darnand, der Chef der Milice française, wird Chef der Police nationale.

1944

15., 18. und 24. März	Razzien auf Juden, die sich nach Monaco geflüchtet haben (es war bis dahin neutral gewesen).
6. April	Die Deutschen holen die Kinder aus dem Heim von Izieu bei Lyon und deportieren sie.
6. Juni	Beginn der alliierten Invasion
9. August	Das Sammellager von Pithiviers wird befreit.
13. August	Aufstand der Eisenbahner (vgl. Anm. S. 86)
15. August	Alliierte Landung in der Provence
17. August	Die Deutschen geben Drancy auf, nachdem der letzte Transport in Richtung Vernichtungslager abgegangen ist.
19. August	Aufstand der französischen Widerstandsbewegung in Paris
25. August	Paris wird befreit
26. November	Himmler befiehlt die Zerstörung der Gaskam-

	mern und Krematorien in Auschwitz-Birkenau und anderen Todeslagern, damit keine Beweise für die Judenvernichtung vorhanden wären.
1945	
8. Mai	Unterzeichnung des Waffenstillstandes
April–Mai	Rückkehr der Überlebenden aus den Konzentrationslagern. Anlaufstelle ist das Hotel Lutétia in Paris. Von den 75721 Deportierten aus Frankreich[1] sind nur 2500 zurückgekehrt.

[1] Diese Zahl ist eine vorsichtige Schätzung und wird von Serge und Beate Klarsfeld in dem Buch ›Le mémorial de la déportation des juifs en France‹, Paris 1978, angegeben. Wahrscheinlich lag sie noch höher.

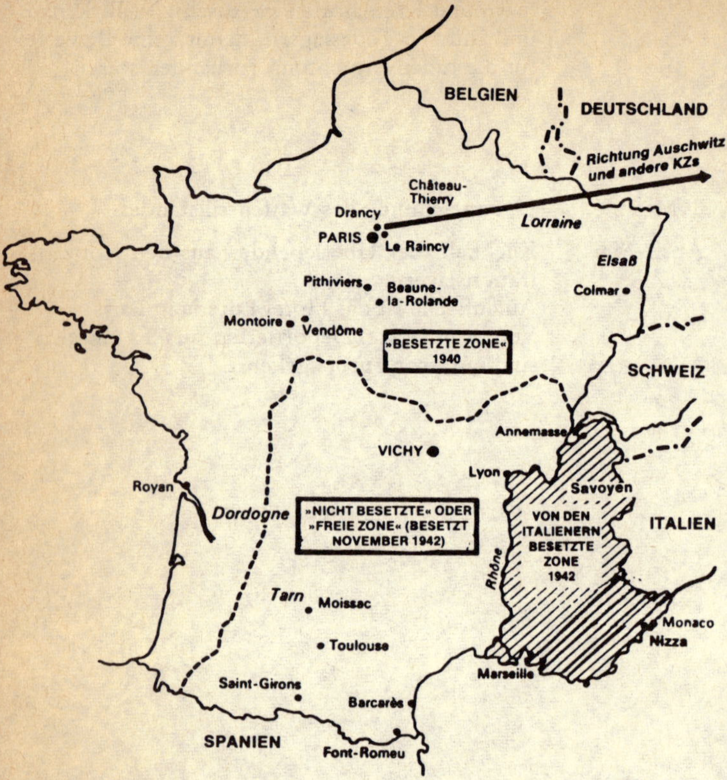

FRANKREICH WÄHREND DER DEUTSCHEN BESETZUNG IM 2. WELTKRIEG

Nachwort
von Bruno Bettelheim

Wie schrecklich ist die Sprachlosigkeit dieser Menschen, die als Kinder dazu verurteilt waren, mehr zu ertragen, als sie verkraften konnten! Welch stummer Schmerz quält sie, die gezwungen sind, tief in ihrer Seele eine Wunde, ein schweres Leid zu verbergen, das für sie ohne Ende ist, ein Kummer, der in seiner Stärke jenseits des Ausdrückbaren liegt! Und diese schmerzliche Sprachlosigkeit beschränkt sich eben nicht auf die Zeit, in der die so zerstörerischen Ereignisse stattfanden, und auch nicht nur auf die Periode unmittelbar danach oder lediglich auf die Kindheit, wo jeder von uns Schwierigkeiten hat, sich auszudrücken, mitzuteilen, was einen am meisten bewegt und was man man stärksten fühlt, sondern auch auf all die Jahre danach, ohne daß ein Ende abzusehen ist. Die Verletzung ist so tief, so allumfassend und so allgegenwärtig, daß es auch dann noch unmöglich erscheint, darüber zu sprechen, wenn schon fast ein Leben vergangen ist. Denn für diejenigen, die noch immer darunter leiden, ist es eben nicht Jahre her, ist es keine Vergangenheit, sondern es ist so gegenwärtig und wirklich, wie damals, als es geschah.

Was diese Menschen, die in dem Buch zu Worte kommen, in ihrer Kindheit durchmachen mußten, war so verheerend, so zerstörerisch für ihr Dasein, daß sie nicht darüber reden können, nicht einmal zu denen, die ihnen sehr nahe stehen.

Paul drückt es so aus: »Ich habe nie darüber gesprochen, nicht einmal mit meiner Frau, und erst recht nicht mit meiner Mutter ...« Der Grund dafür, daß sie nicht darüber sprechen können und es auch nicht wollen, liegt nicht in dem Wunsch, das Nachdenken über das Vorgefallene zu vermeiden, weil es zu schmerzhaft ist. Sie brauchen sich das Vorgefallene nicht in Erinnerung zu rufen, denn sie haben es niemals vergessen. Das Wissen darum hat sie die ganze Zeit begleitet, hat sie ihr Leben lang verfolgt. Die Tatsachen sind allen in ihrem Umkreis vertraut, sind nicht das Geheimnis einer einzelnen Person, sondern, ganz im Gegenteil, der Welt bekannt, auch wenn es immer wieder einige Leute gibt, die sie vergessen wollen, weil sie nur Schuldgefühle bei ihnen wachrufen.

Das Widerstreben der Interviewpartner von Claudine Vegh,

über ihre Vergangenheit zu sprechen, ist nur zu einem gewissen Teil mit ihrer Überzeugung zu erklären, daß es keine angemessenen Worte gibt, um das, was ihnen widerfahren ist, zu beschreiben. Ich glaube, der tiefere Grund für ihre Abneigung, über sich und all das zu reden, was ihnen in ihrer Kindheit zugefügt worden ist und ihr Leben zerstört hat, dürfte die Ahnung sein, daß man sie, würden sie sich aussprechen, womöglich dazu bringen wollte, die Tatsachen anzunehmen und Frieden mit dem zu schließen, was ihnen geschehen ist. Doch dies, das wissen sie genau, ist ihnen unmöglich. Wenn andere auch meinen, sie würden die Qualen der Opfer verstehen, nachdem sie ihnen zugehört haben, wissen diese jedoch, daß durch die bloße Aufnahme der Fakten, der Geschehnisse, nichts von der eigentlichen Natur ihrer Leiden übermittelt werden kann. Warum sollten sie also mit anderen darüber reden? Deshalb vermochten sie sich auch nur jemand wie Claudine Vegh zu öffnen, weil sie bei ihr Verständnis durch ähnliche Erfahrungen voraussetzen durften. Und auch ihr gegenüber konnten sie anfangs nur mit größtem Zögern sprechen.

Die durch die Verluste, die Entbehrungen, entstandenen Gefühle sind derart überwältigend, daß sie sie ständig zu überschwemmen drohen, die Dämme einreißen könnten, die sie errichtet haben, um nicht von ihrem Kummer fortgespült zu werden. Sie haben diese Dämme konstruieren müssen, um nach der inneren Verwüstung überhaupt noch mit der schwierigen Aufgabe, sich ein eigenes Leben zu schaffen, fertigzuwerden.

Es war eine mühevolle Arbeit, und die Ergebnisse sind höchstens dürftig, und doch war es die einzige Möglichkeit, zu überleben; kein Wunder also, daß sie ihre Bemühungen nicht bedroht sehen wollen. Um überhaupt in der Lage zu sein, so etwas wie ein eigenes Leben aufzubauen, mußten sie ihre Gefühle so sehr in die verborgensten Winkel ihrer Seelen verdrängen, daß sie dort auch für sie selber kaum noch erreichbar sind.

Damit sie weiterleben, in der Schule gut sein, Examen ablegen, einen Beruf ergreifen und später heiraten, Kinder haben und den Familienpflichten nachkommen konnten, war es für sie notwendig, ihre Gefühle so stark zu unterdrücken, daß sie nichts weiter merken, als wie entsetzlich schwer und wie leer das Leben für sie ist. Colette hat diese Leere deutlich erfahren, obwohl sie versucht hat, sich mit ihr auseinanderzusetzen, indem sie sich fragte, ob ihr Jüdischsein überhaupt noch einen Sinn habe, wenn sie mit einem Nicht-Juden verheiratet ist und ihre Kinder ohne Religion aufgewachsen sind. »Ich meine, ich habe in meinem Leben soviel gekämpft, und jetzt begreife ich nicht einmal den Sinn davon. Es ist für mich so, als wäre eine riesige Leere um mich herum, eine Leere, die sich trotz aller meiner Anstrengungen nicht ausfüllen läßt ...«, sagt sie und endet damit: »Es ist wirklich sehr schwierig zu leben, oh, unheimlich schwierig.«

Alle, die Claudine Vegh ausgewählt hatte, wußten, das Gespräch mit ihr über die Vergangenheit würde Gefühle zum Vorschein bringen, die äußerst schwer zu ertragen wären. Sie hatten deshalb Angst vor dem Interview. »Gestern nachmittag habe ich mich mit dem Interview einverstanden erklärt, und kurze Zeit danach bin ich regelrecht in Panik geraten, wenn ich nur daran dachte, was ich dir sagen könnte«, versucht sie Sonia in Worte zu fassen. Auch sie fürchtet diese Leere, von der sie sagt: »Ich habe das Gefühl, daß anstelle meiner Kindheit nur eine Leere ist. Doch diese Leere macht mir zu schaffen.« Und Paulette beginnt: »Ja, ich habe in dieses Gespräch eingewilligt, aber ich fürchte mich davor ... Ich habe sogar sehr große Angst.«

Und das, obwohl schon fast fünfunddreißig Jahre seit diesen Ereignissen vergangen sind, an die sie sich zurückerinnern sollen. Dabei müßte man meinen, daß die Zeit, die sie hatten, ein normales Leben zu führen, heranzureifen, sich einen Platz in der Gesellschaft zu schaffen, ein Heim zu gründen, Kinder zu bekommen, eigentlich hätte reichen müssen, diese alten Wunden zu heilen. Doch es sind eben keine alten Wunden, über die sich Narben bilden konnten. Im Gegenteil, sie sind nie geheilt, und kaum werden sie berührt, beginnen sie, von neuem zu bluten. Und es ist kein normales Leben, das diese Opfer von einst, diese Menschen, die als Kinder verletzt wurden, führen, auch wenn es nach außen einen anderen Anschein haben mag.

Deshalb leitet wohl Claudine Vegh ihre eigene bewegende Lebensgeschichte und die erschütternden Berichte ihrer Leidensgefährten damit ein, daß sie von einem an sich sehr glücklichen Ereignis berichtet, dem sie beiwohnte, der Bar-Mizwah eines Freundes ihrer Tochter. Und anstatt Stolz und Glück zu empfinden, wie man es von einer Mutter bei solch einem festlichen Anlaß erwarten würde, bei dem ihr Sohn – vom religiösen Ritus her gesehen – in den Kreis der Erwachsenen aufgenommen wird, schlägt diese Frau die Hände vors Gesicht, zieht sich in sich selbst zurück und weint, als der Höhepunkt der Feier erreicht ist. Eine andere Mutter, die ebenfalls bei der Bar-Mizwah zugegen ist, wundert sich über die unglückliche Haltung dieser Mutter an solch einem Freudentag und drückt es Claudine Vegh gegenüber aus. Das bringt ihr auf einmal die Gefühle in Erinnerung, die sie vor genau einem Jahr in dieser Synagoge empfunden hatte, als ihr Sohn die religiöse Mündigkeit erreichte. Auch sie hatte das damals eher als schmerzlich erfahren.

Es machte ihr deutlich bewußt, daß Anlässe, die sonst als glücklich gelten, es für jene, die in ihrer Kindheit so schwer verkrüppelt wurden, nicht sind, so daß die wichtigen Ereignisse in ihrem Leben ganz andere Dimensionen annehmen als bei denen, die man sozusagen als normal betrachtet. Denn die früheren Erfahrungen führen dazu, daß die Ängste sie viel stärker treffen, weil sie die Tendenz haben, sich mit den schrecklichen Kindheitstraumata zu verbinden und alte Erinnerungen aufleben zu lassen. Dadurch bekommen sie viel eher einen verheerenden Effekt als bei Menschen, die nicht so frühzeitig und so zerstörend beraubt worden sind. Was unter normalen Umständen glückliche Ereignisse sind, macht diesen unglücklichen Opfern von Kindheitstragödien nur deutlich, welche unwiederbringlichen Verluste sie erlitten haben. Übliches Glück entgleitet ihnen, denn was für andere ein schöner Anlaß ist, löst bei ihnen nur Erinnerungen daran aus, wie sehr ihre Kindheit doch jeglichen Glücks beraubt war, und die Entbehrungen treten noch klarer und schmerzhafter zutage. Charles drückt das so aus: »Ich weiß nicht, was das ist, glücklich zu sein, ich habe es ja auch nie erfahren ...« Oder, noch treffender, Lazare: »In Momenten der Freude ist es für mich schrecklich.« Und trotz Louises ruhiger und gefaßter Art sagt sie von sich: »Ich glaube, ich schwanke ständig zwischen Wut und Tränen.«

Es scheint, als brauche man zwanzig oder mehr Jahre, um genügend Abstand zu bekommen, damit einem klar wird, wie unterschiedlich man das Leben wegen dieser in der Kindheit erlittenen Tragödie erfährt. Saul Friedländer schreibt dazu in seinem Buch: ›Wenn die Erinnerung kommt ...‹: »Erst damals, als ich um die Dreißig war, begriff ich, in welchem Maße meine Sicht der Dinge von der Vergangenheit geformt wurde, wie sehr ich das Wesentliche durch ein besonderes Prisma sah, das sich niemals beiseite schieben ließ.«[1]

So brachte Claudine Vegh auch die Erkenntnis, mit welcher anderen Optik sie solche Ereignisse wie die Bar-Mizwah sah,

[1] Saul Friedländer: Wenn die Erinnerung kommt ..., Stuttgart 1979, S. 151

wie sehr sich die Gefühle, die dabei in ihr hervorgerufen wurden, doch von denen der sogenannten normalen Leute unterschieden, dazu, auf einmal die übliche, zur Zulassung als Psychotherapeut notwendige Arbeit aufzugeben, obwohl sie schon ein halbes Jahr daran geschrieben hatte. Sie entschied sich, mit einer völlig anderen, doch viel wichtigeren Untersuchung zu beginnen, die sich mit den Hintergründen dieser speziellen Optik befaßte, durch welche sie und ihre Leidensgefährten sich und die Welt sahen.

Wenn ich auch nicht im einzelnen die Gründe dafür weiß, die sie von ihren ursprünglichen Plänen abbrachten und zu der neuen Arbeit motivierten, erscheinen mir diese Studien für eine angehende Therapeutin doch sehr angebracht. Denn um anderen bei den Schwierigkeiten, denen sie im Leben gegenüberstehen, helfen zu können, muß man zuerst in Erfahrung bringen, was einen zu der Person macht, die man ist, und man muß sich dessen bewußt sein, inwieweit sich die eigene Sehweise von der anderer, die man dann auch behandelt, unterscheidet. Ein guter Grund also, zu erforschen, wie stark die Lebensgeschichte von jemandem auch dessen Standpunkt beeinflußt. Doch diese Studie ist viel mehr als nur eine Untersuchung, die für die Zulassung als Therapeut verlangt wird.

Die umfassendere und viel größere Bedeutung dieser Interviews liegt in der Erforschung einer der fürchterlichsten Tragödien unserer Zeit und ihrer anhaltenden Auswirkung auf die Opfer. Das machte es erforderlich zu untersuchen, wie all die Leidtragenden, wie auch Claudine Vegh selbst, es mehr oder weniger geschafft haben, das Leben zu bewältigen. Vielleicht ist Frau Vegh auch durch den Wunsch motiviert worden, ihre eigene Bürde abzuladen. Sie könnte dunkel in sich gefühlt haben, daß es ihr, würden andere ... in der gleichen Lage wie sie, es erst einmal schaffen, sich der Last zu entledigen, dann, ja, nur dann, möglich wäre, es ebenfalls zu tun. Und das ist allen in diesem wichtigen Buch gelungen!

Wir haben ihr für den Mut zu danken, mit dem sie eine so schwere und schmerzvolle Aufgabe auf sich genommen hat, denn ihr Bericht öffnet uns ein Fenster zu Erfahrungen, deren Existenz wir anerkennen, die wir verstehen lernen müssen und die unsere ganze gefühlsmäßige Anteilnahme erforderlich machen, wollen wir je in Frieden mit uns leben. Mehr oder weniger haben wir alle, die wir die Zeit der Razzien, der Deportationen und der Konzentrations- und Vernichtungslager miterlebt haben, an dem, was den Kindern damals zugefügt worden ist, teil, gleich, wie sehr wir persönlich einbezogen waren. Die Folgen dieser Vergangenheit prägen der Welt von heute weiter ihr Zeichen auf.

Warum sind die Opfer nicht in der Lage, über das zu sprechen, was ihnen damals widerfahren ist, warum ist es für sie noch zwanzig oder dreißig Jahre danach so schrecklich schwer, davon zu berichten, was sie als Kinder erlebt haben? Und warum ist es so wichtig, daß diese Dinge besprochen werden? Ich bin der Ansicht, daß diese beiden Fragen eng zusammenhängen. Denn etwas, worüber man nicht sprechen kann, läßt sich auch nicht begraben, findet keine Ruhe. Redet man nicht darüber, schwären die Wunden nämlich von Generation zu Generation weiter; es ist, wie Raphaël sagt: »Die Welt muß erfahren, daß diese Deportationen uns bis in die dritte Generation gezeichnet haben. Es ist schrecklich ...«

Sollte es noch irgendwelche Zweifel geben, daß diese furchtbaren Ereignisse auch die nächste Generation zeichnen, so werden sie durch ein kürzlich in den USA erschienenes Buch[1] ausgeräumt. Die Eltern der Autorin, Helen Epstein, sind beide Überlebende deutscher Vernichtungslager. Ihr Leben ist von dem Schicksal ihrer Eltern und deren Unfähigkeit, darüber zu sprechen, geprägt und beeinträchtigt worden. Und das, obwohl sie in den Vereinigten Staaten geboren wurde und dort aufgewachsen ist. Anders als diejenigen, die in diesem Buch zu Worte kommen, ist Helen Epstein nie von zu Hause fortgerissen, nie gewaltsam von ihren Eltern getrennt worden und hat sich auch nie verstecken müssen, um am Leben zu bleiben. Ihre Eltern gaben sich außerordentliche Mühe, ihre Kinder so aufzuziehen, daß sie sich sicher fühlen konnten, was sie in New York auch tatsächlich waren. Und doch fühlte sich Helen Epstein als Kind Überlebender aus den Vernichtungslagern durch die Vergangenheit ihrer Eltern und dadurch, wie sie sich bis in die Gegenwart auswirkte, schwer belastet. Als Erwachsene wollte sie schließlich herausfinden, ob ihr Schicksal eine Ausnahme darstellte, oder ob andere, die von Eltern mit einer den ihren vergleichbaren Lebensgeschichte stammten, ähnliches erfahren hätten. Sie suchte nach solchen Menschen und unterhielt sich mit ihnen. Auch sie waren, genau wie Helen Epstein, in relati-

[1] Helen Epstein: Children of Holocaust. New York, 1979

ver Sicherheit aufgewachsen. Und doch fand sie heraus, daß sie alle von dem schweren Schicksal, das ihre Eltern in der Vergangenheit erlitten hatten, in Mitleidenschaft gezogen worden waren, wenn auch jeder auf eine andere Weise. Sie hatten alle unter der Unfähigkeit ihrer Eltern gelitten, sich über die Erfahrungen und die Spuren, die sie bei ihnen hinterlassen hatten, zu öffnen.

Helen Epstein beschreibt die Folgen dieses unausgesprochenen Leids der Eltern für die Kinder mit dem Bild einer eisernen Kiste, die sie sich geschmiedet hatte und tief in sich verborgen mit sich herumschleppte. Diese Kiste machte ihr das Leben zur Qual: »Jahrelang lag es dort in einer eisernen Kiste so tief in mir vergraben, daß ich nie herausfinden konnte, was es eigentlich war. Ich wußte nur, ich trug irgendwelche unberechenbaren, explosiven Dinge mit mir herum, die geheimer als Sexuelles waren und gefährlicher als Gespenster und Phantome. Gespenster haben eine Gestalt und einen Namen. Aber was in meiner eisernen Kiste lag, hatte weder das eine noch das andere. Was auch immer da in mir lebte, war so machtvoll, daß Worte zerrannen, bevor sie es beschreiben konnten.«

Aber ist es die Unmöglichkeit, etwas, das einen bedrückt, beim Namen zu nennen, zu beschreiben, was einen dazu zwingt, Dinge so tief in sich zu vergraben, daß sie nicht mehr erreichbar sind und so außerhalb jeglichen Zugriffs sich zu verselbständigen beginnen und allmählich das Leben von einem auffressen, das Recht, man selber zu sein und sich an Dingen zu erfreuen und schließlich das Recht auf Leben überhaupt? Jean sagt: »Ich frage mich oft, warum ich es nicht schaffe, dem Leben etwas abzugewinnen ...« Und er fürchtet, daß die in seiner »eisernen Kiste« eingeschlossenen Dinge Gefühle der Gewalttätigkeit sind. »Wissen Sie, ich habe Angst vor der Heftigkeit, die ich manchmal in mir spüre. Ich habe das Gefühl, ich bin ein Rebell fürs Leben. Dabei meine ich, und das ist doch irgendwie bizarr, daß ich gar kein Recht auf Leben habe.« Wenn jemand befürchtet, er könnte beim Öffnen von dem, was er tief in sich verschlossen hat, herausfinden, daß er kein Recht zu leben hätte, ist es verständlich, daß er sich nicht traut, das näher anzuschauen, was ihm solche Schwierigkeiten bereitet.

Friedländer schreibt: »Es hat sehr lange gedauert, bis ich den Weg zu meiner eigenen Vergangenheit wiederfand. Die Erinnerung an die Ereignisse selbst konnte ich nicht vertreiben, doch wenn ich davon sprechen wollte oder wenn ich zur Feder griff, um sie zu beschreiben, war ich jedesmal wie gelähmt.«[1]

Was ist die Ursache für diese Lähmung? Warum konnten Claudine Veghs Gesprächspartner nicht verstehen, weshalb sie über ihre Verluste, ihre Trauer mit ihnen reden wollte? Warum diese Mauer des Schweigens, die sie gleich nach dem Verlust der Eltern errichtet hatten? Die Abneigung, über diese Dinge zu reden, zeigt sich zum ersten Mal auch bei der kleinen Claudine Rozengard, als sie ihren Eltern zuruft: »Fahrt schnell los! Ganz schnell! Ich bleibe hier!« Ich glaube, sie tat das nur zum Teil aus Sorge um die Eltern. Das kleine Mädchen hätte sich niemals so bereitwillig entschlossen, bei den Pflegeeltern zu bleiben, wenn es Angst gehabt hätte, die Eltern nicht mehr wiederzusehen. Hätte es diese Möglichkeit in Betracht gezogen, hätte es bestimmt darauf bestanden, mit ihnen zu gehen. Der eigentliche Grund für ihr Drängen war wohl, den Moment der Trennung so kurz wie möglich zu machen, damit sie nicht davon überwältigt wurde. Denn hätte Claudine sich Zeit gelassen, ihren Gefühlen nachzugeben, sich richtig von ihren Eltern zu verabschieden, hätte sie sich nicht mehr von sich aus von ihnen trennen können. Doch indem sie sich keine Zeit zum Nachdenken und Fühlen gestattete und sich selber vormachte, daß es nur um eine vorübergehende Trennung ginge, konnte sie die Eltern leichter davonfahren lassen.

Als dann die Mutter glücklicherweise zurückkehrte und sie erfuhr, daß ihr Vater gestorben war, folgte sogleich die Reaktion: »Sprechen wir nicht mehr davon.« Und diesen Entschluß hielt sie bis zum Äußersten aufrecht: »Über zwanzig Jahre habe ich nicht mehr die Worte ›Papa‹ oder ›Vater‹ aussprechen können und habe auch nicht die geringste Anspielung an diesen Teil der Kindheit vertragen.« Und das war nicht die Haltung eines einzelnen Kindes, sondern, im Gegenteil, die übliche Reaktion all dieser Kinder, wenn sie ihre Eltern verloren hatten. Es war wirklich eine »... merkwürdige Welt«, in der diese jüdischen Kinder lebten, »die niemals über ihre Eltern, ihre Familie, ihre Vergangenheit, ihr Zuhause und vieles andere sprechen konnten ... [...] ›Nicht davon sprechen‹ war eine der Regeln der Kolonie, die jedoch niemand den Kindern auferlegt hatte! Die Trauer, das Leid eines Kindes, seine Tränen, wurden von uns allen dort, auch von mir, als unerträglich empfunden.« Warum dieses Unterdrücken der Gefühle, dieses Leugnen offensichtli-

[1] Saul Friedländer: a. a. O., S. 108

cher Fakten von größter Bedeutung und äußerst weitreichenden Folgen?

Schließlich haben Kinder auch zu anderen Zeiten, meist durch irgendwelche Katastrophen bedingt, ihre Eltern verloren. In der Vergangenheit am häufigsten durch Hungersnöte, Epidemien und Kriege, und auch heute noch durch Erdbeben, Überschwemmungen und wiederum Kriege. All diese Kinder leiden schmerzlich darunter, aber sie fühlen sich nicht außerstande, über das zu reden, was ihnen zugestoßen ist. Sie können über ihre Eltern und darüber, wie sehr sie ihnen fehlen, sprechen. Kurz gesagt, diese Kinder sind in der Lage, um ihre Eltern zu trauern, und indem sie sie offen betrauern, ist es ihnen möglich, sich mit ihrem Schicksal auszusöhnen, wodurch dann auch nicht das Gefühl entsteht, sie hätten, wenn die Eltern umgekommen sind, auch kein Recht mehr zu leben.

Ich glaube, die besondere Tragödie dieser Menschen, mit denen Claudine Vegh gesprochen hat, rührt zum Teil daher, daß das Schicksal sie daran gehindert hat, um ihre Eltern zu trauern, und aus diesem Grund konnten auch die schon alten Wunden nicht verheilen.

Anfangs gab es keinen wirklichen Anlaß zu Tränen und Trauer. Es bestand ja die Hoffnung, daß die Eltern zurückkommen würden. Die Kinder versuchten, sich so lange wie möglich an diese Hoffnung zu klammern. So sagt Sonia: »Ich habe auch nie mit meinem Bruder darüber gesprochen.« Und sie weiß, warum weder ihr Bruder noch sie je darüber gesprochen haben, obwohl es die ganze Zeit die erste Stelle in ihren Gedanken einnahm: »Auch wenn wir nicht darüber sprachen, so warteten wir doch, hofften wir.« Solange niemand darüber redete, war es noch nicht ganz wahr, und man mußte nicht alle Hoffnungen aufgeben. Wenn Claudine, wie viele andere auch, über zwanzig Jahre lang ihren Vater nicht erwähnte und auch nicht die geringste Bemerkung über ihn zuließ, geschah das nur teilweise, um sich davor zu schützen, von Gefühlen überwältigt zu werden, die so unerträglich waren, daß sie womöglich nicht mehr mit dem Leben fertig geworden wäre. Ich meine, daß der tiefere, gewichtigere Grund darin liegt, daß sie, wie die anderen, in ihrem Unterbewußtsein weiterhin den Glauben hegte, dieser Elternteil sei nicht für immer weggegangen und könne durch ein Wunder zurückkehren. André enthüllt diese unbewußte Verbindung zwischen der Tatsache, daß er nie über den verlorenen Vater spricht, und der, daß er ihn in sich selber lebendig hält, wenn er sagt: »... ich spreche nie über meinen Vater, ganz gleich, mit wem es auch ist. Er ist in mir drin, das ist alles, und es reicht mir.« Aus demselben Grund glaubt Robert Jahre später, seine Eltern wären zurückgekehrt. Und wenn er sagt: »Nein. Ich weiß eigentlich nicht, was leben heißt«, zeigt er damit, daß er nicht weiß, was es heißt, in der Gegenwart zu leben. »Ich lebe in der Vergangenheit«, gibt er zu. Sein wirkliches Leben spielt sich also in gewisser Weise noch immer in der Vergangenheit ab, als seine Eltern noch am Leben waren.

Auch unter normalen Umständen ist es, wenn die Hoffnung auf die Rückkehr eines nahestehenden Familienmitglieds, das vermißt wird, nachläßt, äußerst schwer, das Hoffen ganz aufzugeben und zu akzeptieren, daß es umgekommen ist. Solange nicht ein handfester Beweis für den Tod vorliegt, werden all diejenigen, die diesen Menschen liebten, nur widerwillig die Hoffnung aufgeben und dazu neigen, alle Berichte über dessen Ende als unwahr abzutun. Unser Wunsch, zu glauben, daß es nicht geschehen, daß es nicht die Wahrheit sein kann, ist derart stark, daß es größerer Gewißheit bedarf, bevor wir uns dazu zu zwingen vermögen, diese so schmerzhaften Nachrichten anzunehmen. Und das, was bereits unter normalen Umständen so schwierig ist, nimmt in unseren Fällen noch ganz andere Dimensionen an.

Doch die Unmöglichkeit, die Hoffnungen aufzugeben, war nur ein Faktor, warum diese Kinder den Tod ihrer Eltern nicht annehmen konnten, warum sie noch heute nicht in der Lage sind, sich mit ihrem Schicksal auszusöhnen, und wieso sie nach so langer Zeit noch immer von den Geschehnissen verfolgt werden, als hätte sich alles erst gestern zugetragen.

Nach einem schmerzlichen Verlust muß man, um weiterleben zu können, erst einmal das, was man verloren hat, betrauern. Den Tod eines Elternteils zu betrauern, ist jedoch ein sehr mühevoller, umfassender und schwieriger psychologischer Prozeß, der für einen gewissen Zeitraum alle Konzentration, alle Kräfte und Energien fordert. Es ist eine Aufgabe, der man sich zumindest für einige Tage gänzlich widmen muß, besonders bis zum Begräbnis und unmittelbar danach, wenn nicht sogar noch einige Zeit länger. Nur wenn man angemessene Trauerarbeit leistet, kann man trotz des Verlusts langsam wieder zu einem aktiven Leben zurückkehren und erneut Freude daran bekommen.

Diese schwierige Aufgabe des Trauerns wird einem ein bißchen erleichtert, wenn man sich darauf vorbereiten kann. So, zum Beispiel, wenn man die Möglichkeit hat, die Gefühle von der geliebten Person, die im Sterben liegt, allmählich abzuziehen, indem man in gewisser Weise an ihrem Sterben teilnimmt. In solch einem Fall kann man sich von dem anderen verabschieden, wenn er noch am Leben ist, und seinem Übergang zum Tod beiwohnen. Ist das nicht möglich, hilft es, wenn man wenigstens Abschied von dem toten Körper nehmen kann, die Leiche sieht und an der Beerdigung mit ihren entsprechenden Ritualen teilnimmt. All das hilft einem dabei – entgegen den innersten Wünschen –, die Tatsache zu akzeptieren, daß dieser Mensch gestorben ist.

Und auch dann ist es fast unmöglich, mit all den psychischen Anforderungen, zuerst bei der Trauerarbeit und dann bei der Rückkehr ins Leben, fertigzuwerden, wenn man dabei nicht von anderen und von entsprechenden Ritualen Unterstützung erfährt. Am meisten braucht man die Hilfe von denen, die einem am nächsten stehen, also meist die engsten Familienmitglieder. Sie sollen sich um einen scharen, die Trauer mit einem teilen, so wie es im Judentum beim Schiwa-Sitzen der Fall ist oder beim Leichenschmaus oder, je nach der ethnischen Zugehörigkeit, bei anderen Formen des Trauerrituals, wo sich die Verwandten und Freunde um den Trauernden versammeln. Die Gegenwart all dieser Menschen und ihre Unterstützung gibt einem neue Hoffnung, daß noch nicht alles verloren ist und noch andere wichtige Personen da sind, für die und mit denen man leben kann. Selbst relativ fremde Menschen können einem bei dem schwierigen Trauerprozeß behilflich sein, indem sie ihre Anteilnahme zeigen und respektvoll dem Leichenzug folgen. Es ist nicht der Tote, der diese Achtung seinen sterblichen Überresten gegenüber benötigt, sondern die Überlebenden. Und man muß darüber hinaus in der Trauerarbeit noch von den Ritualen unterstützt werden, die Religion und Gesellschaft eigens für diesen Zweck geschaffen haben. Deshalb zählen auch die Begräbnisrituale seit frühester Zeit zu den wichtigsten und höchstentwickelten religiösen Zeremonien.

Hier ist nicht der Ort dafür, aufzuführen, was im einzelnen zum Trauern gehört. Nur einige wenige Aspekte davon wurden genannt, um zu zeigen, wie schwer es für Kinder im allgemeinen ist, ihre Eltern zu betrauern, besonders, wenn es keine greifbaren Dinge gibt, die sie mit ihrer Trauer verbinden können. Und wie unmöglich ist die Trauer erst für die jüdischen Kinder gewesen, deren Eltern bei Razzien verschwunden sind.

Erstens existierte für sie, wie schon erwähnt, noch die Hoffnung, die Eltern würden zurückkehren; in seltenen Fällen kam es ja auch vor, daß ein Elternteil zurückkehrte, und in extrem wenigen Fällen sogar beide. Wenn also manch einer wiederkam, warum sollten es dann nicht auch eines Tages die eigenen Eltern tun?

Doch waren die Eltern womöglich noch am Leben, wie konnte man dann von ihnen als Toten sprechen? Nur indem man nicht über sie sprach, vermied man, daß andere darauf bestanden, sie für tot zu erklären, und konnte so weiter an ihre eventuelle Rückkehr glauben. Indem man aber nicht über die Eltern und ihren möglichen Tod sprach, wurde nichts davon real, denn unser Gefühl, daß etwas wirklich ist, verlangt zuerst nach einer Bestätigung durch andere, durch die Gesellschaft. Das ist auch eine Erklärung dafür, daß wir bei normaler Trauer soviel über die verstorbene Person sprechen. Wir wollen damit zwei Dinge erreichen: einmal, die Erinnerung an den Toten lebendig zu halten und zum anderen, den Menschen, mit denen wir reden, die Gelegenheit zu geben, uns davon zu überzeugen, daß der Betrauerte auch tatsächlich für immer von uns gegangen ist. Ohne solche Gespräche bleibt sein Tod unwirklich und kann deshalb nicht durch Trauer bewältigt werden.

Zweitens gab es, weder in der Kindheit noch später, für sie einen greifbaren, sichtbaren Beweis für den Tod der Eltern. Kein Leichnam ist bestattet worden, und kein Grab konnte besucht werden. Und es gab nicht die geringsten Rituale, mit deren Hilfe die Trauer auf die traditionelle Weise hätte eingeleitet werden können und die ihr einen Bezugspunkt geboten hätten, was die Trauerarbeit sehr erleichtert. Denn auch wenn all diese Rituale zur Verfügung stehen, muß sich die Trauerarbeit über einen längeren Zeitraum erstrecken, bevor sie abgeschlossen werden kann, was überhaupt nur bis zu einem gewissen Grad möglich ist, denn es bleiben, solange man lebt, Reste von Wehmut übrig. In einigen Kulturen wird die Trauerkleidung für einen Monat oder sogar für ein Jahr als äußeres Zeichen, daß man den Toten betrauert, getragen. Bei den Juden ist es Sitte, den Grabstein erst ein Jahr nach dem Tod oder dem Begräbnis aufzustellen, sozusagen als ritueller Abschluß der Trauerperiode. Für die, von denen in diesem Buch die Rede ist, gab es keinen endgültigen Beweis dafür, daß die Eltern oder die Geschwister oder alle Familienmitglieder gestorben waren, und auch keinen festen Zeitpunkt, von dem ab die Trauer hätte beginnen können, und somit auch kein Ende.

Friedländer deutet darauf hin, was Trauer lange Zeit nach dem Ereignis mit sich bringt und warum und inwiefern Menschen wie er der Möglichkeit beraubt worden sind, sich voll einer bestimmten Zeit der Trauer hinzugeben, die dann auch die Hoffnung auf ein Ende mit einschließt. Ohne solche festen Begrenzungspunkte innerhalb der Zeit ist Trauer wahrscheinlich nie zu beenden, und man leidet womöglich ein Leben lang darunter, daß sie sich schmerzlich hinzieht. Er schreibt: »Wenn uns die Menschen einer nach dem anderen verlassen, setzt sich ihr Bild von selbst in uns fest und lebt in den Erinnerungen derer fort, die übrigbleiben, in den Erinnerungen und täglichen Gesprächen, in den Fotoalben, die man manchmal aus dem Schrank hervorholt, den Kindern zeigt und jenen erklärt, die nichts aus jener Zeit gekannt haben. Von Zeit zu Zeit schmückt man ein Grab, und da sind die Namen auf dem Stein eingraviert ... Für mich aber vollzog sich ein jäher Bruch, der sich im Alltäglichen nicht einordnen läßt.«[1]

Jean drückt es praktisch so aus, daß es ihm unmöglich ist, alles zu vergessen und somit auch ein normales Leben zu führen, da er keine materiellen Beweisstücke für das Leben und den Tod der Eltern besitzt. Man ist versucht, hinzuzufügen, daß eben dieses Fehlen der handgreiflichen Beweise kein übliches Trauern und von daher auch keine Befreiung von dem immerwährenden Kummer zuläßt. Er sagt: »Ich frage mich oft, warum ich es nicht schaffe, dem Leben etwas abzugewinnen. Wenn es mir wirklich gelungen wäre, die Vergangenheit völlig zu vergessen, könnte ich wahrscheinlich wie die anderen leben, würde mich an dem freuen, was ich habe, und nicht mehr ständig an das denken, was ich nicht mehr habe. Ich habe keine Bilder, keine Fotos von meinen Eltern. Ich habe auch ihren letzten Brief nicht. Ich habe kein Grab, an dem ich Einkehr halten kann. Nur ein amtliches Stück Papier: ,,Vermißt ... Auschwitz 1943". Das ist sehr schwer ...«

Eine Bemerkung von Sonia macht die Unmöglichkeit deutlich, jede Hoffnung aufzugeben, was endlose Enttäuschung zur Folge hätte, und erklärt die Unfähigkeit zu trauern und sich dadurch von der ständigen Gegenwart des Toten in seinen Gedanken zu befreien, solange einem nicht sichtbare Beweise vor-

[1] S. Friedländer, a. a. O., S. 141

liegen. »Der Tod meiner Eltern ist mir erst richtig bewußt geworden, als ich das Buch der Klarsfelds las. Als ich unter dem Datum vom 29. April 1944 auch die Namen meiner Eltern fand, war das ein fürchterlicher Schock. Fünfunddreißig Jahre danach! Ich habe fünfunddreißig Jahre gebraucht, um schließlich zu begreifen ... Solange habe ich mich doch immer irgendwelchen absurden Hoffnungen hingegeben.« Sonia konnte nicht anders, als weiterhin Hoffnungen zu hegen, denn ohne die Trauer ist es nicht möglich zu glauben, daß die geliebte Person wirklich gestorben ist, aber ohne Beweis von deren Tod kann wiederum nicht um sie getrauert werden. Allein der Trauerprozeß erlaubt es uns, den Tod zu akzeptieren und somit endlich das Hoffen aufzugeben. Auch wenn Sonia »wußte«, daß ihre Eltern längst verstorben waren, ist sie ohne diese sichtbaren Beweise, wie die Zeilen in dem erst 1978 erschienenen Buch, die von der Deportation und dem Tod ihrer Eltern berichten, nicht in der Lage gewesen, um sie zu trauern.

Drittens, und das muß wohl kaum noch erwähnt werden, gab es natürlich keine Zeremonien, die ein rituelles Trauern zugelassen und damit zu einem Annehmen des Verlusts geführt hätten. Auch unter den nicht sehr religiösen Juden ist das Kaddisch sprechen für einen verstorbenen Elternteil eine Pflicht, die sehr ernst genommen wird, und in orthodoxen Kreisen wurde der älteste Sohn sogar als »der Kaddisch« bezeichnet, also als derjenige, der nach dem Tod der Eltern die täglichen Trauergebete sprechen würde. Es war die Gelegenheit, ihr Andenken zu ehren, ein sehr wichtiger Dienst, den man ihnen noch erweisen durfte. Das tun zu können, half einem dabei, den Schmerz über den Verlust zu überwinden.

Welche enorme Rolle diese Faktoren auch dabei spielten, es diesen Kindern unmöglich zu machen, ihre Eltern zu betrauern und nach vollzogener Trauer zu einem normalen Leben zurückzukehren, verlieren sie jedoch an Bedeutung, wenn man die psychologischen Bedingungen betrachtet, in denen sich die Kinder befanden, als sie von ihren Eltern getrennt wurden. Trauern heißt, wegen eines Verlusts vorübergehend in einen Zustand der Depression zu verfallen. In solch einem depressiven Zustand zu sein, hat aber zur Folge, daß man keine Kraft mehr zum Leben und Handeln hat. Um den Verlust eines geliebten Elternteils ohne völligen Zusammenbruch zu überstehen, benötigt man die emotionale Unterstützung der Familie und der Freunde.

Doch, und damit komme ich zum vierten Punkt, konnten sich diese Kinder, wollten sie überleben, nach der Trennung von ihren Eltern überhaupt nicht erlauben, zu trauern und somit in eine Depression zu verfallen. Sie brauchten all die Kraft, um das Überleben zu bewerkstelligen. Denn, nüchtern betrachtet, mußten sie, um sich an die neuen Umstände anzupassen, von heute auf morgen ihren Lebensstil ändern und energischer und erfinderischer werden, als sie es je zuvor waren. Sie hatten sich auf einmal an völlig veränderte Umstände zu gewöhnen, mußten unter Bedingungen, die denen zu Hause ganz entgegengesetzt waren, mit ihnen unbekannten Leuten zusammenleben. Niemand war in ihrer Nähe, der ihnen die emotionale Unterstützung gegeben hätte, die sie so sehr gebraucht hätten, um ihren Gefühlen freien Lauf lassen zu können.

Claudine Rozengard – wie die Autorin mit Mädchennamen hieß – war in der besonders glücklichen Situation, daß sie von Pflegeeltern aufgenommen wurde, die ihr bereits bekannt waren und die sie so sehr liebten, als wäre sie deren eigenes Kind. Sie konnten ihr auch Lebensbedingungen bieten, die, was die äußeren Umstände betraf, so günstig waren wie die, die sie vorher erfahren hatte – ein unglaublich seltener Glücksfall.

Die Berichte derer, die sie interviewt hat, zeigen, mit welch enormen Schwierigkeiten sie als Kinder fertigzuwerden hatten und welch tiefgreifende Veränderungen sie meistern mußten, um zu überleben.

Anstatt hier weiter ins Detail zu gehen, will ich lieber die Geschichte eines zur Zeit der Verfolgung noch nicht ganz zehn Jahre alten jüdischen Jungen wiedergeben. Seine Eltern hatten ihn zufällig weggeschickt, damit er etwas besorge. Bei der Rückkehr sah er das Haus, in dem er und seine Eltern wohnten, von Polizei umstellt. Er wußte bereits genug, um dunkel zu ahnen, was das bedeutete. Sie lebten damals seit kurzer Zeit in einem kleinen Ort in den Bergen. Er machte sofort kehrt, rannte über die Felder und Weiden und versteckte sich in einem nahegelegenen Wald. Alles, was er besaß, war die Adresse von jemandem, der in einem anderen Dorf, etwa vierzig Kilometer entfernt, wohnte. Er wagte es nicht, die Eisenbahn zu benutzen, auch hätte er nicht genug Geld bei sich gehabt, um überhaupt eine Fahrkarte kaufen zu können. Also ging er zu Fuß. Er vermied die großen Straßen und verbarg sich tagsüber in den Wäldern. Erst nach Einbruch der Dunkelheit marschierte er los. Zum Glück hatte er das bißchen Essen dabei, das er von seinem

Einkaufsgang mitgebracht hatte. In zwei Tagen, besser, zwei Nächten, legte er den Weg zu der Adresse zurück, die er hatte, doch dort konnte er nicht bleiben und wurde insgesamt noch dreimal weitergeschickt. Anschließend war es die übliche Geschichte: bei Bauern versteckt, dann in einem Heim für geistig behinderte Kinder, wo er wieder fortgeholt wurde, als die anderen Kinder trotz ihrer beschränkten Intelligenz gemerkt hatten, daß er nie Besuch und auch keine Post bekam, was sie mißtrauisch machte usw.

Es war für ihn ungeheuer schwer zu überleben, aber er schaffte es. Um das zu bewerkstelligen, mußte er all seine geistigen und emotionalen Kräfte ständig unter Kontrolle haben. Hätte er den Gefühlen nachgegeben, die in ihm aufstiegen, als man seine Familie abholte, um sie mit großer Wahrscheinlichkeit zu vernichten, hätte er nie die Kraft dazu gehabt, all die Dinge zu tun, die für sein Überleben notwendig waren. Also unterdrückte er seine Gefühle und konnte sich somit aufs Überleben konzentrieren. Und so war er der einzige einer großen Familie, der die Verfolgungen überstanden hat.

Ich habe mehrfach darauf hingewiesen, daß praktisch alle Trauerrituale hauptsächlich dem Zweck dienen, daß der Zurückgelassene Unterstützung von seiten der Verwandten, Freunde und der Gemeinschaft bekommt, ohne die für ihn praktisch die Trauer nicht bewältigt werden kann. Ich habe auch gesagt, daß Kinder, die ihre Eltern bei Katastrophenfällen verloren haben, daraus nicht unbedingt einen bleibenden Schaden zurückbehielten, auch wenn sie selbstverständlich ungeheuer gelitten haben. Das bringt mich zu dem fünften und letzten Punkt. Warum waren die Dinge bei den jüdischen Kindern in Frankreich und in den anderen Ländern in Europa so anders gelagert, wo es einige dieser Kinder schafften, am Leben zu bleiben, während ihre Eltern von den Nazis hingemordet wurden?

Kinder, die alt und intelligent genug sind, um sich, zumindest bis zu einem gewissen Grad, der Situation bewußt zu werden, in der sie sich befinden – und dazu sind sie schon in sehr frühem Alter, wenigstens unbewußt in der Lage –, spüren die Reaktionen der Umgebung auf ihr Unglück und reagieren darauf. Kinder, die zum Beispiel durch eine Naturkatastrophe zu Waisen geworden sind, merken und wissen, daß die anderen sie bedauern, ihnen helfen wollen oder zumindest meinen, daß ihnen geholfen werden müßte, und den Wunsch haben, daß sie leben, ohne zu sehr vom Schicksal bedrückt zu werden. Jeder scheint sich darüber zu freuen, daß wenigstens sie am Leben geblieben sind. Das vermittelt ihnen das Gefühl, erwünscht zu sein und unterstützt zu werden, und erlaubt ihnen, sobald die Gefahr vorüber ist, sich in eine Form von Trauer fallen zu lassen, die ihnen entsprechend ihrem Alter und ihrer Reife möglich ist. Außerdem werden Anstrengungen unternommen, die Leichen ihrer Eltern zu finden, damit man sie angemessen bestatten kann, was es den Kindern leichter macht, die Tatsachen als unwiderruflich zu akzeptieren, was sie vor falschen Hoffnungen bewahrt und ihnen hilft, mit der Trauerarbeit zu beginnen.

In den von den Nazis besetzten Ländern waren die psychologischen Voraussetzungen jedoch genau umgekehrt. Gut, Claudine Rozengards Pflegeeltern wünschten sich, daß sie überlebte und taten alles Mögliche, damit ihr nichts geschah. All diesen Kindern wurde in gewisser Weise von irgendwelchen Leuten geholfen, weiterleben zu können, sonst wäre ja keines von ihnen übriggeblieben. Und alle, die halfen, taten es unter größter Gefahr für sich und ihre Familien. Doch wenn dies auch das Überleben ermöglichte, ja, es wirklich das einzige war, was die Kinder am Leben halten konnte, änderte es nichts an der Tatsache, daß die Gesellschaft, die Kräfte, die das Leben bestimmten, der Staat, dessen Pflicht es gewesen wäre, das Leben dieser Kinder zu schützen, darauf aus waren, die jüdischen Kinder zu vernichten, so wie es auch der Staat war, der ihnen die Eltern geraubt und sie ermordet hatte. Es war kein Unglück, wodurch sie zu Waisen wurden, wie es bei anderen Kindern der Fall ist, die ihre Eltern durch Krankheit oder eine Katastrophe verlieren. Nur weil die Eltern Juden waren, wurden sie dazu verurteilt zu sterben und mit ihnen auch die Kinder.

Wenn die Eltern durch Krankheit oder aus einer anderen Ursache sterben, gibt es einen Grund anzunehmen, daß den Kindern geholfen wird, man sie rettet. Und haben sie überlebt, sind sie keiner weiteren Bedrohung ausgesetzt. Aber es gibt kein Entkommen von dem, als was man geboren ist. Es ist ein unausweichliches Schicksal, und das ahnt auch schon ein recht kleines Kind. Man muß keine Eltern betrauern, wenn man weiß, daß man selber sterben soll. Denn der Zweck des Trauerns ist es ja, sich Schritt für Schritt von dem Schmerz, der Niedergeschlagenheit über den Verlust zu befreien, damit man mit dem Leben fortfahren kann. Doch wenn jemand dazu verurteilt ist zu sterben, gibt es keinen Grund, die anderen noch zu betrauern. Nur Verzweiflung oder Leugnen ist dann von der Psyche her möglich.[1]

Claudine Vegh erwähnt das überwältigende Gefühl der »ständigen Lebensgefahr«. Sie tut das in einem etwas anderen Zusammenhang. Aber ich glaube, dieses Gefühl ist auch durch die Erinnerung daran ausgelöst worden, wie sie die Zeit des Sich-Versteckens erlebt und wie sie sich in die anderen versetzt hat, die weniger sicher als sie untergebracht waren und die davor zitterten, entdeckt und in eines der Vernichtungslager abtransportiert zu werden. Sie wußten alle sehr wohl, daß man, wenn man sich verbarg und dadurch vielleicht auch vorübergehend ein wenig sicher war, nicht seiner Geburt entfliehen konnte. Deshalb sagte auch der Freund von Claudine Vegh, nach seiner Herkunft gefragt, daß er »Buchenwalder« sei.

Durch Verleugnen, sei es der Tatsachen oder der Gefühle, entfremdet man sich von sich selber. Man sperrt, um das Bild von Helen Epstein zu benutzen, die Tatsachen und Gefühle in eine für immer sorgfältig verschlossene Kiste. Wie sehr man es auch versuchen mag, sich ihrer zu entledigen, man schafft es nicht; sie bleibt weiterhin als fremder Bestandteil im Leben vorhanden, das jedoch von ihr kontrolliert wird.

Claudine Vegh kommt zu dem Schluß: ». . . daß wir jüdischen Kinder, die wir die Naziherrschaft durchgemacht haben, alles daran setzen, unsere Erfahrungen zurückzuweisen, sie abzuspalten, als gehörten sie überhaupt nicht zu uns.« Doch das ist nicht möglich. Wir können nicht die wichtigsten Tatsachen und Erfahrungen unseres Lebens externalisieren. So sehr wir es auch versuchen, wir können uns nicht von ihnen lösen. Alle unsere Anstrengungen führen nur dazu, daß wir uns vom Leben entfremden. Wir müssen sie deshalb als einen sehr wichtigen Teil unserer selbst betrachten, ohne ihnen jedoch zu gestatten, alles in unserem Leben zu überlagern, zu beherrschen. Und genau das ist eben, wie es die Berichte in diesem Buch zeigen, einge-

[1] Ich befand mich während des Jahrs, das ich in Dachau und Buchenwald verbrachte, in einer annähernd vergleichbaren Situation. Man war betrübt, wenn ein Kamerad starb, aber man betrauerte ihn nicht, denn dazu war man selber dem Tod viel zu nah. Und wenn jemand die Niedergeschlagenheit zugelassen hätte, die Teil der Trauer ist, wäre das Risiko sehr groß geworden, daß er nicht mehr die Kraft zum Überleben hätte aufbringen können. Trauer hätte also nicht dabei geholfen, weiterzuleben, sondern hätte es verhindert.

treten. Indem wir versucht haben, die Erinnerungen zu verdrängen, zu unterdrücken, haben sie letztlich Herrschaft über uns gewonnen.

Für diejenigen, die für das Zustandekommen dieses Buches beigetragen haben, dürfte es ein wichtiger Schritt dahin sein, die Phase des Leugnens und des Unterdrückens zu beenden und einen Beginn für die so lange zurückgestellte Trauer um die hingemordeten Eltern zu finden, damit ihre Erinnerungen endlich in Frieden begraben werden können und ihre Kinder einmal ein normales Leben führen dürfen.

Ich habe mehr über das Trauern gesprochen als über die schrecklichen Erfahrungen dieser Menschen, deren Lebensgeschichte wir in diesem Buch kennenlernen, oder über den außerordentlichen Mut, mit dem sie ums Überleben gekämpft und die erdrückende Last ihrer Erinnerungen getragen haben. Ich hätte ihre große Aufrichtigkeit, mit der sie berichten, würdigen und auch mein Mitgefühl mit ihrem Schmerz zum Ausdruck bringen sollen. Statt dessen habe ich mich über das Trauern ausgelassen, weil ich der Auffassung bin, daß der eigentliche Sinn, die Hauptbedeutung der Gespräche mit Claudine Vegh in der Trauer liegt.

Sie beschreibt, wie sich ihre Gesprächspartner immer weiter in sich zurückzogen, während sie über ihre Vergangenheit und den Verlust ihrer Eltern berichteten. Wie sie ihren Blick vermieden, sich ins Dunkle oder auf ihr Bett zurückzogen und wie sie weinten. Wie sie sagt, waren es »lange Monologe der einzelnen Personen mit sich selber«. Und doch erzählten sie laut und im Beisein eines mitfühlenden Zuhörers. Genau das ist es aber, was auch beim Trauern geschieht: Jemand spricht über seinen Verlust, zumeist in sich gekehrt, aber in Gegenwart eines Menschen, der bereit ist, die Last mit ihm zu teilen, der Verständnis aufbringt und zu helfen versucht. Das gibt einem Mut und die Kraft, sich mit der Trauer auseinanderzusetzen.

Alle, die auf diesen Seiten zu Worte kommen, haben also den viel zu lange aufgeschobenen Prozeß des Trauerns begonnen, was sich darin zeigt, daß sie Claudine Vegh am Tag nach dem Interview gestanden, sie fühlten sich besser, erleichtert.

Wahrscheinlich würden wir uns alle besser fühlen, wenn auch wir uns dazu bringen könnten, die furchtbaren Verluste zu betrauern, die wir alle durch das Massaker der Nazis an den Juden erlitten haben.